Franz Klug

München abseits der Pfade

FRANZ KLUG

München

ABSEITS DER PFADE

Eine etwas andere Reise
durch die Weltstadt mit Herz

braumüller

Bibliografische Information der Deutschen Nationalbibliothek
Die Deutsche Nationalbibliothek verzeichnet diese Publikation in der Deutschen Nationalbibliografie – detaillierte bibliografische Daten sind im Internet über http://dnb.d-nb.de abrufbar.

2. Auflage 2019

Servitengasse 5, A-1090 Wien
www.braumueller.at

Lektorat: Merle Rüdisser
Coverfoto: flickr.com | © Ștefan Jurcă (CC BY 2.0)
Fotos: Franz Klug
Karten: Seite 12, 40, 66, 96, 114, 124, 138, 150
openstreetmap.org | © OpenStreetMap-Mitwirkende (CC BY-SA 2.0)

Druck: FINIDR, s.r.o., Lípová 1965, 737 01 Český Těšín
ISBN 978-3-99100-157-7

Den Münchnerinnen und Münchnern gewidmet …

Bavaria

Inhalt

Mein Stadtflanieren – zur Einstimmung

Mein Zugang zum Phänomen Stadt ist ein vielfältiger. Für mich ist Stadt Lebensort, Kulturort, Geschichtsort; eine Stadt zeichnet sich durch Plätze, Blockbebauung, Parks, Gärten, Fabriken, Gewerbegebiete, Flüsse und manchmal Bäche aus. Die Stadt ist mit ihren Bibliotheken, Museen, Theatern, Galerien, Kirchen, Buchhandlungen ein Wissens- und Kulturspeicher und mit ihrer Vielfalt an Restaurants, Bars und Wirtshäusern ein Ort vielfältigster Genüsse. Stadt heißt für mich Verdichtung – von Häusern, von Wissen, von Kultur, angefangen bei den bildenden Künsten bis zur Ess- und Trinkkultur. Dort, wo die Blockbebauung aufhört, wo Cafés, Lokale und Geschäfte weniger werden, beginnt die Vorstadt, die auch ihren Charme haben kann. Danach kommen meist Gewerbegebiete, Stadtrandsiedlungen, dann der Übergang zum Land mit Agrarflächen, Wald und grünen Wiesen.

Spazierend habe ich nun Münchens verschiedene Kulturorte – vom Museum bis zum Wirtshaus – verknüpft. Alle Spaziergänge sind als Fußwege, teilweise in Verbindung mit öffentlichen Verkehrsmitteln konzipiert. Da es in der Münchner Innenstadt fast keine Parkplätze gibt und das öffentliche Verkehrssystem mit Bussen, Trambahnen, U- und S-Bahnen sehr gut ausgestattet ist, kann man München auf diese Art am besten erkunden. Da sich Tram- und Buslinien ändern können – die Haltestellen bleiben, es wechseln leider die Nummern –, lohnt es, vor Antritt der Spaziergänge der Kartenverkaufsstelle der Münchner Verkehrsbetriebe im Untergeschoss am Marienplatz einen Besuch abzustatten und sich dort den neuesten Plan der öffentlichen Verkehrsmittel zu holen. In den öffentlichen Verkehrsmitteln Münchens sollte allerdings immer ein gültiger Fahrschein zur Hand sein; es wird oft und streng kontrolliert. Und: Da an einigen Stellen die viel zu schmalen Gehsteige mit Radfahrern geteilt werden müssen, ist hier Vorsicht vor oft rasanten Radlern und Radlerinnen geboten.

Ein solcher Spaziergang, dieses Stadtflanieren, hat mit dem normalen, alltäglichen Fußweg übrigens wenig gemeinsam, wo man ja ein Ziel zu erreichen hat – den Arbeitsort, das Café, den Supermarkt. Hier dagegen wird der Blick geweitet, zum Ende eines Straßenzugs, in Richtung von markanten Bauten, oft Türmen, meist Kirchtürmen, welche die Häuserzeilen überragen; der Blick wandert an der Hausfassade hinauf, streift Inschriften, die oft viel zu hoch angebrachten Erinnerungstafeln und architektonische Details bis zum Dach. Was sich nicht verbergen wird lassen: Ich bin begeisterter Büchermensch – auch diese lohnende Seite Münchens wird also entdeckt.

Über den Dächern Münchens

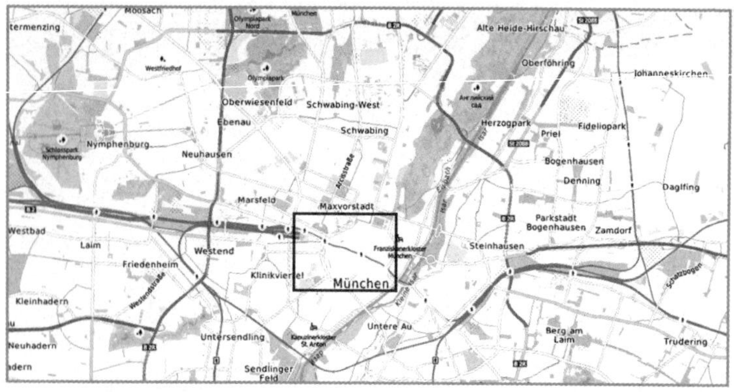

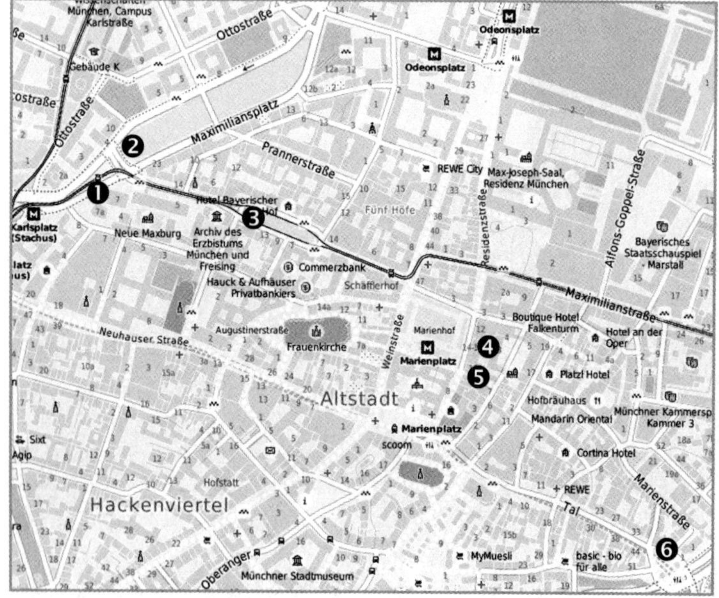

Vom Künstlerhaus zum Valentin-Karlstadt-Musäum

1 Künstlerhaus/Stachus
2 Wittelsbacherbrunnen
3 Promenadeplatz
4 Alter Hof
5 Zerwirkgewölbe
6 Valentin-Karlstadt-Musäum

Vom Künstlerhaus zum Valentin-Karlstadt-Musäum

Konstantin Weckers München – ein Gespräch im Herzen der Stadt

Ich sitze mit dem Liedermacher, Lyriker und Autor Konstantin Wecker, einem gebürtigen Münchner, im schönsten zentralen Innenhof der Stadt, im Prunkhof des Neuen Rathauses. Nachdem das Alte Rathaus für die aufstrebende Residenzstadt München einfach zu klein geworden war, wurde von 1867 bis 1909 von Georg von Hauberrisser in neugotischem Stil ein neues erbaut; der 85 Meter hohe Rathausturm – samt Aussichtsgalerie – wird gekrönt vom bekannten Glockenspiel. Der vielfältige Skulpturenschmuck samt 43 Statuen aller Herrscher Bayerns spiegelt die Stadt- und Landesgeschichte wider und verweist auf bayerische und Münchner Besonderheiten. Im Innenhof gibt es keinen Autolärm, nur das Gemisch unterschiedlicher Sprachen – Englisch, Italienisch, Chinesisch, Russisch, Arabisch, auch Hochdeutsch – dringt an unser Ohr; schließlich kann man hier nicht nur den Innenhof bestaunen und Statuen fotografieren, sondern auch hervorragend essen und trinken. Ich selbst sitze hier immer wieder gerne und bewundere die Allegorien, die sich nordseitig zwischen den Fenstern des Saales der juristischen Bibliothek befinden. Während der Ratskeller, der im Sommer seinen Service von den alten Kellergewölben in den Rathausinnenhof erweitert, auch

Rathausfassade

gern von Einheimischen besucht wird, frequentieren den Prunkhof überwiegend Touristen; das neugotische, jahrhundertealt wirkende Gebäude bietet sich auch förmlich an als zentral liegender Ausgangspunkt vieler Altstadtspaziergänge.

Konstantin Wecker und ich bestellen bayerische Tapas – einen feinen Schnelldurchgang durch die heimischen Spezialitäten: Nürnberger Rostbratwürstel, Leberkäs und Fleischpflanzerl. Konstantin Wecker ist im Lehel aufgewachsen, das zwischen Altstadt und Englischem Garten liegt – die Isar bildet die Grenze zu Haidhausen. „Wenn ich an München denke, denk ich an die Isar, und wenn ich an die Isar denke, denk ich an Kindsein und Spielen und Sommer, vor allem an Sommer. Da war dann Wärme und Geschrei. Und dann gab es prächtige Bubenprügeleien mit den Jungs aus Haidhausen. Haidhausen, das war Feindesland." Der Winter ist nicht Konstantins Jahreszeit; dem Sommer hat er schließlich auch sein wunderbares Lied *Wenn der Sommer nicht mehr weit ist* gewidmet. „Ja, es stimmt, der Sommer ist meine Zeit, den Winter klammere ich in meiner Erinnerung aus." Konstantin beginnt leise zu summen: „Wenn der Sommer nicht mehr weit ist und der Himmel violett, weiß ich, dass das meine Zeit ist, weil die Welt dann wieder breit ist, satt und ungeheuer fett …" Als Jugendlicher besuchte Konstantin das Wilhelmsgymnasium, folgte aber besonders dem Physikunterricht nur bedingt, da er an die Spitzbande denken musste. „Die Spitzbande, das war einfach alles, was man selbst nicht war, Sex und Crime und Anarchie, das war die heiß ersehnte Wirklichkeit, Männerfreundschaft und Bizepskult. Dahin zog's mich, wenn ich an Frühlingstagen zum Physiksaalfenster hinaus träumte, wenn ich in unserem ehrwürdigen Wilhelmsgymnasium Bakunin-Thesen an die Toilettentüre nagelte – als Humanist muss man halt alles in einen Vers zwängen, ein Leiden, dem ich bis heute nicht entrinnen konnte." Die Liebe zu Versen, zur Lyrik ist neben dem Komponieren Konstantins zweite Leidenschaft geworden; er hat zahlreiche Lieder und Gedichte geschrieben. Auch Plätze verbindet Konstantin Wecker mit Kindheitserinnerungen; auf dem Odeonsplatz erlebte er den Besuch von Charles de Gaulle mit und erinnert sich. „Da bin ich dann gestanden, mit roten Ohren und verklärtem Blick, hatte keine Ahnung von gar nichts und habe dem Charles de Gaulle zugejubelt, es haben da alle gejubelt. Obwohl mich eigentlich sein Käppi und seine riesige Nase am meisten beindruckt haben."

Die Kindheit ist natürlich auch geprägt von der Kirche, vom Religionsunterricht, vom Beichten. In der St.-Anna-Kirche hat Konstantin immer gebeichtet. „Da war ich aber selten befreit, weil ich immer ein bisserl lügen musste. Wie soll man denn ehrlich beichten, dass man als Kind Unkeusches gedacht, gefühlt, gesehen oder getan hat? Die Münchner Kirchen kann man natürlich nicht mit Rom vergleichen, aber die Protestanten müssten vor Neid schon erblassen über den Barock in unseren katholischen Kirchen. Die Asamkirche in der Altstadt ist zum Beispiel gut zwischen den Häusern versteckt, aber verschwenderisch frech ausgestattet."

Wie für viele Münchner ist auch für Konstantin der Biergarten ein wesentliches Merkmal der Münchner Seele. „Frag einen Münchner, wonach er sich im Ausland am meisten sehnt – nach einem Biergarten natürlich! Mein Lieblingsbiergarten ist nur ein paar Treppenstufen überm Auermühlbach am Sportplatz entlang, am Grütznerhäuserl vorbei: der Hofbräukeller.“ Außerdem besucht Konstantin gern das Müller'sche Volksbad mit seinem Dampfraum, und auf der Wiesn hatte er lange einen Stammtisch, wo er sich mit Freunden beim Augustiner, Schänke 2 traf.

Inzwischen ist es dunkel geworden, meine Blicke durchwandern den Hof. Der Prunkhof, vor allem der Rathausturm im Licht der Strahler – zuerst glaubt man, der Mond beleuchte ihn so hell –, weckt Erinnerungen an italienische Städtchen mit ihren alten Türmen auf der Piazza. Oben im Rathausturm gibt es eine Aussichtsplattform, die man untertags über einen Lift erreichen kann und von der man einen großartigen Rundumblick über München hat. Im Prunkhof befindet sich auch der Eingang zur Rathausgalerie, die immer wieder mit spannenden Ausstellungen von Gegenwartskunst bis Münchner Stadtentwicklung aufwartet.

Darüber hinaus finden sich im Rathausblock – der am Marienplatz beginnt und eingerahmt ist von Weinstraße, Dienerstraße und Landschaftsstraße – eine Reihe alteingesessener Münchner Läden, von besonderen Bekleidungsgeschäften über die älteste Buchhandlung Altbayerns – die Buchhandlung Lentner, in der ich, ganz nebenbei gesagt, arbeite und die eine feine Auswahl an Literatur, Lyrik und Philosophie anbietet – und den zauberhaften Blumenladen Bahlmann bis zur Parfümerie Brückner mit ihrer erlesenen Duftauswahl.

Konstantin Weckers Liebe zur Lyrik, sein Drang, den Augenblick in Verse zu bannen, führte zu vielen Gedichten. Als ich ihn auf Rilke anspreche, auf den er sich gern bezieht, sinniert er: „Ja, aber auch auf Goethe und Benn. Ich bin ein großer Fan dieser Wortmagiere. Ich mag ihre Form der Augenblicksverdichtung und habe selbst eine Hommage auf den Augenblick gemacht: Jeder Augenblick ist ewig, wenn du ihn zu nehmen weißt. Ist ein Vers, der unaufhörlich Leben, Welt und Dasein preist. – Es geht noch weiter, aber das musst du in meinem Gedichtband nachlesen, da mir die beiden anderen Strophen grad nicht einfallen. Und jetzt muss ich heim zur Familie."

Mein erster Spaziergang führt mich durch die Münchner Innenstadt, durch Kreuzviertel und Graggenauviertel, direkt durch das historische Zentrum, abseits der Hauptpfade den ungeheuren Besucherströmen ausweichend.

Ausgangsort ist das Künstlerhaus am Lenbachplatz, der im Norden an den Karlsplatz anschließt. Am besten erreicht man das Künstlerhaus am Lenbachplatz mit der Tramlinie 19 oder 21 und fährt bis zur Haltestelle Lenbachplatz. Direkt gegenüber der Haltestelle liegt das Künstlerhaus. Man könnte auch mit der S-Bahn bis zur Haltestelle Karlsplatz (Stachus) fahren und von dort aus in ein paar Minuten zum Künstlerhaus spazieren.

Künstlerhaus

Der Karlsplatz ist einer der wichtigen Verkehrsknotenpunkte Münchens. Zentral zwischen Marienplatz und Hauptbahnhof gelegen, wird er von U-Bahn, S-Bahn, Tram und Bussen angefahren. Die S/U-Bahn-Station ist zu einer unterirdischen Mall mit Imbissständen, Cafés und Geschäften ausgebaut worden. Im Volksmund heißt der Karlsplatz übrigens Stachus, weil hier im achtzehnten Jahrhundert der Wirt Eustachius Föderl die „Wirtschaft zum Stachus" betrieb. Der Altstadtring durchschneidet den Karlsplatz und teilt ihn in einen westlichen und einen östlichen Teil. Der östliche Teil ist für Fußgänger reserviert, hier beginnt mit einem kreisförmigen Springbrunnen die Fußgängerzone Richtung Marienplatz. Dieser minimalistische, großartige Springbrunnen von Bernhard Winkler wurde 1972 installiert und schickt 199 Wasserstrahlen bogenförmig zur Mitte. Der Platz vor dem Karlstor ist im Halbkreis mit dreistöckigen Gebäuden bebaut. Das Karlstor wurde als Neuhauser Tor bereits 1302 urkundlich bezeugt und war ursprünglich Teil der alten Münchner Befestigungsanlage. Am Stachus und am anschließenden Lenbachplatz lassen sich architekturhistorisch verschiedene Schichten der Bau- und Stadtentwicklung ablesen. Neben den großen Kaufhäusern wie Karstadt und Kaufhof, die in der Nachkriegszeit als charakterlose Neubauten errichtet wurden, zeigen die Bauten, die um 1900 entstanden – Justizpalast, Börse, Palais Bernheimer –, wie Architektur Räume prägen kann. Aus der Tiefe der S-Bahn-Station am Karlsplatz auftauchend, sticht als Erstes ein prächtiges, palastartiges neobarockes Gebäude auf der anderen Straßenseite ins Auge – kein Zeugnis aristokratischer Vergangenheit, sondern der Justizpalast. Das Gebäude wurde 1891–1898 von Friedrich von Thiersch erbaut. Mit seinen aufwendigen Fassadengliederungen, der Kuppel und den zahlreichen Skulpturen – es gab beim Bau ein eigenes Bildhaueratelier – gehört es zu den größten deutschen Profanbauten um 1900.

Ich halte mich rechts, komme am Gloria-Filmpalast vorbei und stehe ums Eck in der Maxburgstraße beim Eingang zum Künstlerhaus. Das Künstlerhaus ist eine Oase im hektischen Treiben der Besucherströme, die sich zwischen Stachus, Neuhauser Straße, Kaufingerstraße und Marienplatz durchwälzen. Im Hof und im Gebäude gibt es verschiedene Ausstellungen sowie musikalische und literarische Darbietungen; im vorderen Teil des mehrteiligen Gebäudes befindet sich ein Restaurant. Das Künstlerhaus wurde als Ort für die verschiedenen Münchner Künstlergruppen geplant und nach den Plänen von Gabriel von Seidl im Neorenaissancestil erbaut und 1900 eröffnet. Nach glanzvollen Jahrzehnten verlor die Münchner Künstlerschaft unter den Nationalsozialisten ihre Freiheit, 1944 brannte das Künstlerhaus nach einem Fliegerangriff aus, wurde nach dem Krieg in Etappen wieder aufgebaut und restauriert, 1961 ein zweites und 1998 ein drittes Mal eröffnet. Es ist immer wieder beeindruckend, wenn man hier bei einer Abendvernissage Kunst in den prächtig ausgestatteten Räumen genießt und irgendwann der Blick aus dem Fenster auf den blau leuchtenden BMW-Pavillon fällt, der im Nachtschimmer wie eine postmoderne blaue Blume der Romantik glitzert und großartig mit der feinen Beleuchtung des Justizpalastes korrespondiert.

Direkt neben dem Künstlerhaus befindet sich ein großer Gedenkstein zur Erinnerung an die Hauptsynagoge der Israelitischen Kultusgemeinde, die in den 1880er-Jahren erbaut und von den Nazis im Juni 1938 abgerissen wurde. Ich gehe zum Lenbachplatz zurück, am BMW-Pavillon vorbei und erblicke am nördlichen Ende des Platzes noch einen der schönsten Brunnen Münchens, den Wittelsbacherbrunnen. Adolf von Hildebrand erbaute ihn als mehrgliedrige, reich mit Skulpturen geschmückte Anlage. Er gilt als eines der Hauptwerke des Marburger Bildhauers, der sich in München ansiedelte, um öffentliche Aufträge wie diesen zu erhalten. Seine Villa in Bogenhausen, die er selbst plante, von Gabriel von Seidl, dem

Gedenkstein

Architekten des Künstlerhauses, erbauen ließ und zum Künstlertreffpunkt machte, wird nach ihm Hildebrandhaus genannt und beherbergt heute das Münchner Literaturarchiv Monacensia.

Am Wittelsbacherbrunnen endet der Lenbachplatz, hier beginnt der Maximiliansplatz mit dem Maximilianspark. Ich biege aber vorher rechts in die Pacellistraße ab, in das Kreuzviertel der Altstadt, und gehe an der ehemaligen Herzog-Max-Burg vorbei, die um 1500 hier errichtet und im Zweiten Weltkrieg total zerstört wurde. Heute steht noch ein Renaissanceturm frei vor der in den 1950er-Jahren gebauten Neuen Maxburg. In der Maxburg befinden sich das Amtsgericht München und eine Vielzahl von kleinen Geschäften, darunter auch Münchens beste juristische Fachbuchhandlung, die Buchhandlung Georg Blendl.

Das Kreuzviertel wurde erstmals 1458 urkundlich erwähnt. Die Altstadt – bestehend aus Kreuzviertel, Graggenauviertel, Angerviertel und Hackenviertel – war bis 1791 mit Stadtmauern und Stadttoren umgeben. Der Name Altstadt für das historische Zentrum wurde in München eigentlich erst nach 1900 gebräuchlich, da man die sich anschließenden Neubaugebiete Vorstädte

Wittelsbacherbrunnen

nannte – Maxvorstadt, Ludwigsvorstadt, Isarvorstadt – und die eingemeindeten Dörfer und Städte wie Sendling, Haidhausen, Schwabing und Pasing zu Stadtteilen wurden.

Der Maxburg gegenüber befindet sich die Dreifaltigkeitskirche, eine Votivkirche – eine Kirche also, die aufgrund eines Gelübdes erbaut wurde. Sie ist innen mit wunderbar spätbarocken Deckenfresken von Cosmas Damian Asam ausgestattet. An der aufgelassenen Kirche auf der anderen Straßenseite vorbeispazierend, erreiche ich den Promenadeplatz. Dieser Platz bietet Gegensätzliches auf engem Raum: in der Mitte ein kleiner Grünstreifen mit Bäumen und Denkmälern, links eines der größten und ältesten Münchner Luxushotels, der um 1840 erbaute Bayerische Hof, und rechts diverse Bankgebäude und das Kaufhaus Lodenfrey.

Auf dem Promenadeplatz selbst, dem Zentrum des Kreuzviertels, herrscht die größte Denkmalsdichte der Münchner Innenstadt. Die Reihe der Statuen beginnt mit Lorenz von Westenrieder, es folgen die Statue des Tondichters Christoph Willibald Ritter von Gluck und die des Kurfürsten Maximilian Emanuel von Bayern, abschließend das Denkmal des Tondichters und Münchner Hofkapellmeisters Orlando di Lasso.

Denkmal von Orlando di Lasso

Der aus dem heutigen Belgien stammende Orlando di Lasso (1532–1594) wurde nach einem abenteuerlichen Leben von Italien über England bis nach Antwerpen 1563 als Hofkapellmeister nach München berufen, wo er 1594, hochgeehrt, geadelt und berühmt, aber aus Spargründen kurz vor der Entlassung stehend, starb. Auf dem Promenadeplatz wird sein Denkmal als Doppeldenkmal verwendet, da es die Münchner Fangemeinde von Michael Jackson mit zahlreichen Fotos des Superstars versehen hat und stets mit frischen Blumengebinden schmückt. Dem ehemaligen Palais Montgelas gegenüber, das inzwischen Teil des Hotels Bayerischer Hof ist, befindet sich ein besonderes Denkmal für den ehemaligen bayerischen Finanzminister und Staatsminister für Inneres und Äußeres, Maximilian Joseph Graf von Montgelas (1759–1838). Er gilt aufgrund seiner Reformen als Begründer des modernen Bayern; die große weiße Skulptur aus Aluminium, die 2005 von Karin Sander angefertigt wurde, fällt sofort ins Auge.

Bevor ich der Maffeistraße weiter geradeaus folge, mache ich noch einen historischen Abstecher in die Kardinal-Faulhaber-Straße neben dem Bayerischen Hof, wo an die Ermordung des ersten Ministerpräsidenten von Bayern, Kurt Eisner, erinnert wird. Auf der linken Gehsteigseite liegt am Boden im

Asphalt eine Figur, die mit diesem Text versehen ist: „Kurt Eisner, der am 8. November 1918 die bayerische Republik ausrief, nachmaliger Ministerpräsident des Volksstaates Bayern, wurde an dieser Stelle am 21. Februar 1919 ermordet." Da nirgends in Augenhöhe ein Hinweis angebracht ist, übersehen und übergehen viele Menschen diese doch etwas verschämt versteckte Erinnerung an den Gründer der bayerischen Republik, der einem Attentat des völkisch-antisemitischen Studenten Graf von Arco zum Opfer fiel.

Jetzt aber in die Maffeistraße, in der unübersehbar die Fußgängerzone beginnt: Plötzlich taucht man in eine Menschenmenge ein. Vorbei an barocken Palästen, die teilweise im Krieg zerstört und nach dem Krieg – so gut es ging – restaurativ wieder aufgebaut wurden und nun vor allem von Banken besiedelt und verwaltet sind, und an diversen höchstpreisigen Designerboutiquen, gelange ich zu Elly Seidls Schokoladengeschäft. Wer feine Pralinen und andere süße Meisterwerke sucht, wird hier garantiert fündig und zudem in diesem Münchner Traditionsgeschäft, das seit 1918 existiert, bestens bedient. Ich gehe heute aber doch vorbei;

Denkmal für Maximilian Joseph Graf von Montgelas

gleich darauf mündet die Maffeistraße in die Theatinerstraße. Rechts geht die Theatinerstraße bald in die Weinstraße über, die in den Marienplatz mündet, links führt die Theatinerstraße schnurgerade bis zum Odeonsplatz. Ein Blick in die Theatinerstraße zeigt neben vielen Geschäften auf der linken Seite in der Ferne die Türme der Theatinerkirche, rechts die Türme der Ludwigskirche. Trotz der unvermeidbaren Menschenmassen birgt die Theatinerstraße einige Orte, die einen Besuch lohnen: Die Kunsthalle etwa hat zwar keine eigene Sammlung, bietet aber dafür spannende Ausstellungen, von Rembrandt, Tizian und Bellotto über Keith Haring bis zu Jean Paul Gaultier, im Theatiner Filmtheater, ein Stück weiter Richtung Odeonsplatz, werden Filme prinzipiell in Originalsprache mit Untertiteln gezeigt. Auch Buchliebhaber sind im Zentrum gut versorgt: Neben der fein sortierten Buchhandlung Lentner im Neuen Rathaus in der Weinstraße, die im ersten Stock in einem der schönsten Buchräume Münchens zu literarischen und philosophischen Kostbarkeiten einlädt, gibt es in der Theatinerstraße die Buchhandlung Hugendubel mit großem Generalsortiment und dazu einem bewundernswürdigen Deckenfresko im ersten Stock.

Die Münchner Altstadt erschwert für Ortsunkundige übrigens manchmal die Orientierung ein wenig, da einige Straßenzüge mehrere Namen haben wie etwa die Theatinerstraße, die die Fortsetzung der Weinstraße ist. Diese beiden Straßen bilden auch die westliche Begrenzung des Graggenauviertels, das hier das Kreuzviertel ablöst. Die Bezeichnung Graggenau geht, das sei schnell eingestreut, zurück auf das Wort Krähe und bedeutet Krähenau.

An der Ecke Maffeistraße/Theatinerstraße breitet sich plötzlich, mitten in der Innenstadt, gleich hinter dem Neuen Rathaus, eine weite, offene grüne Fläche aus: der Marienhof. An schönen Tagen ist er natürlich meist voller Sonnenanbeter. Dieser Platz war ursprünglich wie die restliche Altstadt bebaut, nach verheerenden Bombenangriffen im Zweiten Weltkrieg wurde aber auf einen Wiederaufbau der stark beschädigten Häuser verzichtet. So haben die Münchner und Münchnerinnen und die Gäste heute hier einen herrlichen Platz zum Ruhen und Nichtstun – mitten im Gewimmel. Der Marienhof wird südlich vom Neuen Rathaus begrenzt, östlich befinden sich Altbauten mit dem traditionsreichen Münchner Delikatessenkaufhaus Dallmayr, außerhalb Münchens vor allem bekannt durch seinen Kaffee. Nach rechts blickend, zur Einmündung der Schäfflerstraße in die Weinstraße/Theatinerstraße, am sogenannten Schäfflereck, bestaune ich jetzt die beiden Schäfflerfiguren (Fasshersteller), die an den Hausecken in Kopfhöhe angebracht sind. Sie tragen nämlich die traditionelle Tänzertracht der Schäffler; und der Münchner Schäfflertanz ist ein Faschingsspektakel, das nur alle sieben Jahre – das nächste Mal 2019 – aufgeführt wird. Die Frauenkirche, der Münchner Dom, wäre jetzt nur fünf Minuten entfernt; sie erhebt sich gegenüber vom Neuen Rathaus hinter der Weinstraße. Ganz am Anfang der Weinstraße, noch am Marienplatz (nicht Marienhof!), befindet sich eine der ältesten und besten Konditoreien Münchens: Woerner's – da könnte ich im 1. Stock Platz nehmen, einen Kaffee bestellen. Aber nein, ich bleibe in der Theatinerstraße und beschreite die Fortsetzung der Maffeistraße, die Schrammerstraße, Richtung Diener- und Residenzstraße. An der Ecke Dienerstraße/Hofgraben – das sei jedem empfohlen – drehe ich mich noch einmal um und blicke zurück auf den Marienhof und das Altstadtpanorama, das sich hier besonders eindrucksvoll präsentiert: links das Neue Rathaus, dann die fast hundert Meter hohen Türme der Frauenkirche – die auch deshalb so gut sichtbar sind, weil in der Münchner Innenstadt keine höheren Gebäude gebaut werden dürfen –, der Blick wandert weiter zum Promenadeplatz am Ende der Maffeistraße, dann drehe ich mich weiter nach rechts, sehe in der Residenzstraße den „Franziskaner", ein stets empfehlenswertes, gutbayerisches Restaurant, schließlich erspähe ich noch Teile des Max-Joseph-Platzes und des Odeonsplatzes. So, einmal im Kreis gedreht, weiter geht's. Der Hofgraben ist ganz kurz, gleich geht es rechts zum Alten Hof. Gegenüber liegt die Alte Münze, in der sich heute das Landesamt für Denkmalpflege befindet; der wunderschöne Renaissance-Innenhof ist zu normalen Bürozeiten öffentlich zugänglich. Der Alte Hof war Herzogsresidenz und später gar Kaiserresidenz, folgerichtig steht vor dem Eingang ein Reiterdenkmal von Kaiser Ludwig dem Bayern. Das Burgensemble wurde um 1260 von Ludwig dem Strengen, dem Vater Ludwigs des Bayern, als Herzogssitz errichtet und ist seit dieser Zeit urkundlich belegt. Ludwig der Bayer wurde römisch-deutscher König und 1328 Kaiser im Heiligen Römischen Reich. Da Ludwig noch stark in der Tradition des deutschen Reisekönigtums stand – die deutschen Könige hatten keinen festen Regierungssitz –, war der Münchner Kaisersitz nur einer neben anderen wie Nürnberg und Frankfurt. Das mittelalterliche Kaisertum entsprach allerdings nicht unserem heutigen Bild vom Kaisertum, standesgemäße Pracht- und Prunkentfaltung gab es nicht unter Kaiser Ludwig, sondern in München erst im neunzehnten Jahrhundert, als die bayerischen Könige regierten und residierten.

Ich durchquere den Hof, gehe am Brunnen vorbei zum Torturm. Im Hof befindet sich neben einem Restaurant auch die Informationsstelle der Bayerischen Schlösser- und Seenverwaltung; wer also einen Überblick über die unzähligen bayerischen Schlösser und Museen bekommen will, ist hier bestens aufgehoben. Im alten Kellergewölbe verbirgt sich aber noch mehr Interessantes: Hier ist eine Dauerausstellung untergebracht und informiert mit zwei spannenden Bild- und Tondokumentationen über die Kaiserburg und Kaiser Ludwig und über die Entwicklung der Münchner Altstadt.

Inzwischen bin ich in der Burgstraße angelangt, die direkt zum Marienplatz führt. Neben der Burg wohnte auf der rechten

Ludwig der Bayer

Seite einmal für kurze Zeit Lion Feuchtwanger – dessen Spuren man in ganz München findet, da er hier geboren wurde, zur Schule ging, studierte und arbeitete, bis ihn der Nationalsozialismus 1933 aus Deutschland vertrieb. Von seinem Fenster in der Burgstraße aus konnte Feuchtwanger in das Nachbarhaus, in die ehemalige Wohnung Wolfgang Amadeus Mozarts, blicken. Mozart wohnte hier vom 6. November 1780 bis zum 11. März 1781 und vollendete in dieser Zeit seine Oper Idomeneo. Das Haus wurde 1944 völlig zerstört und nach dem Krieg wieder aufgebaut; heute erinnert eine Gedenktafel an den Aufenthalt Mozarts. Ich tauche noch ein wenig tiefer in die Geschichte ein: Ein Stück weiter steht eines der ältesten noch erhaltenen Bürgerhäuser Münchens; es stammt aus dem sechzehnten Jahrhundert, darin waren einst die Stadtschreiberei und die Gaststätte Weinstadl untergebracht. Heute residiert im Haus Burgstraße 5 „Hofer. Der Stadtwirt". Der Stadtwirt Hofer hat schöne Stuben, eine gute Speisekarte mit bayerisch-österreichischer Küche und feiner Bedienung. Daher gehe ich gerne hierher zu einem schnellen Mittagstisch in historischer Atmosphäre. Vor dem Stadtwirt verbirgt sich auf der anderen Straßenseite ein schmaler Durchgang, der Schlichtingerbogen: Dieser Durchgang zwischen Burgstraße und Lederer-

Mozartgedenktafel

straße soll bereits Anfang des dreizehnten Jahrhunderts als Tor existiert haben und wurde irgendwann mehrstöckig überbaut. Ich schlüpfe in den schmalen Durchgang – der auch dieses Buch ziert – und komme zu einem der ältesten Gebäude Münchens überhaupt, dem Zerwirkgewölbe. Es wurde Ende des dreizehnten Jahrhunderts erbaut, fungierte zunächst als Falkenhaus und gehörte von 1733 bis 1808 zum Hofbräuhaus, bevor es zum Zerwirkgewölbe wurde. Es war aber nie ein Brauhaus, wie irrtümlich auf einem Fresko am Haus zu lesen ist: „Erbaut 1264 unter Herzog Ludwig dem Strengen, bis 1708 churfürstliches Bräuhaus, dann Hof-Zerwirkgewölbe." Ab 1808 diente das Gewölbe nachweislich als Ort der Aufnahme und des Zerlegens und Zubereitens – „Zerwirkens" – des bei Hofjagden erlegten Wildes. Bis in die 1990er-Jahre bekam man hier in einem Spezialitätengeschäft feines Wildbret, es gab Wildimbisse und Mittagsangebote; heute wird kein Wild mehr zerwirkt, stattdessen sind im ältesten Profanbau Münchens zwei Restaurants untergebracht. Ich gehe nun die hier beginnende Ledererstraße talwärts Richtung Osten und überquere die Orlandostraße, in der sich während der Hochsaison die Touristenströme zum Platzl, wo das Hofbräuhaus liegt, bewegen.

Inschrift auf dem Zerwirkgewölbe

Allerdings gibt es am Platzl auch das sehenswerte Orlandohaus, das erst 1899/1900 im Renaissancestil gebaut wurde. An dieser Stelle standen zuvor zwei Bürgerhäuser – die für den Neubau abgerissen wurden –, von denen eins einst dem berühmten Orlando die Lasso gehörte, dessen Denkmal wir bereits am Promenadeplatz gesehen haben. Im Orlandohaus gibt es seit Anbeginn ein Café, das nach 1900 vor allem als Theatercafé von bekannten Münchner Schriftstellern, Schauspielern und Künstlern besucht wurde; der Schriftsteller und Anarchist Erich Mühsam etwa war Stammgast und beschrieb in seinen Tagebüchern Treffen mit Franz Molnar, Alfred Polgar, Richard Strauss und anderen. Nicht nur das Café Orlando war Schauplatz für das literarische und künstlerische Leben in München, beinahe noch wichtiger war die Südtiroler Torggelstube. Hier traf sich Erich Mühsam mit Frank Wedekind und Ludwig Thoma, auch Lion Feuchtwanger war häufig Gast und verewigte die Torggelstube in seinem München-Roman *Erfolg*. Sie ist in diesem Buch der Ort, an dem sich einige Protagonisten, wichtige bayerische Politiker und Münchner Künstler, am Stammtisch treffen. Das Haus Platzl 8, in dem sich die Torggelstube befand, gibt es bis heute; es beherbergt inzwischen die Südtiroler Weinstuben.

Ich gehe in der Ledererstraße weiter und passiere ein Bar-Kleinod im Zentrum, das Café Centrale, wo in der ehemaligen Bäckerei-Konditorei Schmid ein rühriger Italiener südländisches Lebensgefühl versprüht. Die Ledererstraße endet an der Hochbrückenstraße, führt aber als Dürnbräugasse in einem Bogen ins Tal – zur Verbindungsstraße zwischen Marienplatz und Isartor. Das Dürnbräu, eines der ältesten Münchner Wirtshäuser, liegt am Ende der Dürnbräugasse.

Im Tal – eine zentrale Einkaufsstraße mit zahlreichen Cafés und Gasthöfen, unter denen das Weiße Bräuhaus mit seinem guten Schneider Weißbier, ausgezeichneten bayerischen Schmankerln und seiner urigen Ausstattung besonders zu empfehlen ist – wende ich mich nach links zum markanten Isartor. Nach rechts ginge es zum Marienplatz, dem Hauptplatz Münchens mit dem Alten und dem Neuen Rathaus. Münchens Altstadt war im Mittelalter wie viele Städte von einer starken Mauer mit vier Eingangstoren umschlossen. Diese Tore waren im Norden das Schwabinger Tor, das nicht mehr existiert, im Westen das Karlstor, im Süden das Sendlinger Tor und im Osten das Isartor. Das Isartor ist mit Hauptturm, Innenhof und zwei achteckigen Flankentürmen noch die am besten erhaltene Anlage. Ursprünglich erbaut im vierzehnten und fünfzehnten Jahrhundert, erfolgten mehrere Umbauten und Renovierungen. Die innere und äußere Stadtmauer wurden im Rahmen der Stadterweiterungen ab 1791 geschliffen; dem Wunsch der Stadtplaner im neunzehnten Jahrhundert, das Tor auch komplett abzureißen, ist man jedoch nicht nachgekommen – ein Glück! Heute können wir mitten in der Stadt, an ihrem ehemaligen Rand, dieses mittelalterliche Tor besichtigen. Die beiden achteckigen Flankentürme beherbergen ein Museum, und zwar das Valentin-Karlstadt-Musäum, das sich dem Sprachkünstler Karl Valentin und seiner kongenialen Partnerin Liesl Karlstadt widmet, die miteinander unvergessliche Stücke wie *Orchesterprobe* oder *Der Firmling* schufen. Neben der ausführlichen Präsentation des Werkes der beiden Komiker bietet der südliche der beiden Türme unter dem Dach etwas ganz Besonderes: das Turmstüberl, ein Kuriositäten-Lokal mit bayerischen Schmankerln. Im Nachbarturm werden Ausstellungen über Münchner Volkssänger präsentiert. Auch wenn die Wendeltreppe im Museum sehr eng ist und es manchmal sehr voll sein kann, lohnt sich doch immer ein Besuch.

Zum Besuchen und Genießen

Münchner Künstlerhaus
Lenbachplatz 8, +49 (0)89 5991 84-0
www.kuenstlerhaus-muc.de
Das Künstlerhaus bietet alle Facetten von Kultur: Ausstellungen, Konzerte, Lesungen, Kabarettveranstaltungen – am besten vor dem Besuch schauen, was gerade so passiert.

Alter Hof Kaiserburg
Infopoint Museen & Schlösser in Bayern
Alter Hof 1, +49 (0)89 210 140 50
Mo–Sa 10–18 Uhr
So und Feiertag geschlossen
www.museen-in-bayern.de
Information kompakt im gotischen Gewölbe des Alten Hofes

Valentin-Karlstadt-Musäum
Im Tal 50
Musäum +49 (0)89 22 32 66
Turmstüberl +49 (0)89 29 37 62
Mo, Di, Do 11.01–17.29 Uhr, Fr, Sa 11.01–17.59 Uhr, So 10.01–17.59 Uhr, Mi geschlossen
www.valentin-musaeum.de

Hofer. Der Stadtwirt
Burgstraße 5, +49 (0)8924210444
Mo–Sa 10–24 Uhr
So und Feiertag geschlossen
www.hofer-der-stadtwirt.de
Die einladenden alten Gewölbe machen einen Besuch immer lohnenswert.

Woerner's Café

Marienplatz 1, +49 (0)89 222 766
Mo–Sa 8–20.30 Uhr
So und Feiertag 9–19 Uhr
www.woerners.de
Im Sommer ist Woerner's am Marienplatz mein Favorit für Kaffee und Kuchen. Während sich am Marienplatz alles drängt, kann man bei Woerner's im ersten Stock in angenehmer Atmosphäre dem Treiben auf dem Platz zuschauen und Kaffee und Torte genießen. Sommers ist übrigens länger geöffnet!

Zum Franziskaner

Residenzstraße 9, Perusastraße 5, +49 (0)89 23 18 120
Mo–So 9–24 Uhr
www.zum-franziskaner.de
Am liebsten gehe ich zum Leberkäs- und Kartoffelsalatessen „Zum Franziskaner". Auch wenn beim Franziskaner generell alles etwas teurer ist, ist der Leberkäs hier unschlagbar gut und das Ludwigsstüberl im Franziskaner der schönste Gastwirtschaftsraum im Zentrum von München.

Zum Spöckmeier

Rosenstraße 9, gleich am Marienplatz +49 (0)89 26 80 88
So–Mi 9–1 Uhr, Do–Sa 9–3 Uhr
http://www.spoeckmeier.com
Neben dem Franziskaner ist für mich der Spöckmeier – ein 1450 gegründetes Traditionsgasthaus – der beste bayerische Wirt in der Innenstadt. Vor allem die schönen Räume im ersten Stock mit bayerischen Tapas sind zu empfehlen.

„Auszogne" und Zerrspiegel – im Turmstüberl mit Gunna Wendt

Ich steige die 79 Stufen im Valentin-Karlstadt-Musäum zum Turmstüberl empor, wo ich mit Gunna Wendt verabredet bin. Sie hat ein Buch und ein Theaterstück über Liesl Karlstadt geschrieben und das Karlstadt-Kabinett im Valentin-Karlstadt-Musäum konzipiert. Während ich auf sie warte, betrachte ich das ungewöhnliche Interieur: Das Mobiliar könnte spannende Geschichten aus der Zeit der Schwabinger Boheme erzählen; es stammt aus dem Café Stefanie, einem legendären Künstlerlokal des ausgehenden neunzehnten und beginnenden zwanzigsten Jahrhunderts, das den Beinamen „Größenwahn" trug. Das Turmstüberl knüpft an diese Tradition an. Regelmäßig finden hier Veranstaltungen statt: Jeden ersten Freitag im Monat gibt es Musik, Lesungen oder Kabarett und jeden letzten Sonntag zum Frühschoppen einen satirischen Monatsrückblick.

Das Valentin-Musäum, wie es zunächst hieß, wurde am 17. September 1959 eröffnet und ist der Privatinitiative des Kunstmalers Hannes König zu verdanken. Der Initiator und Realisator dieses skurrilen Erinnerungsortes richtete das

Eingangsbereich Valentin-Karlstadt-Musäum

Musäum mithilfe von Künstlerfreunden im kriegszerstörten und nur notdürftig aufgebauten Isartor ein. Als Vorbild diente ihm Karl Valentins Gruselkeller, aus dem einige der Originalexponate stammen.

Ich muss nicht lange auf Gunna Wendt warten. Gleich nachdem sie Platz genommen hat, bestellen wir beide dieselbe Spezialität des Stüberls, Münchner Weißwürscht. Weil ich mich wundere, wie Gunna als Norddeutsche überhaupt darauf gekommen ist, sich so intensiv mit dem bayerischen Komikerpaar zu beschäftigen, erklärt sie: „Schon als Kind habe ich die Valentin-Karlstadt-Filme, die damals im NDR gesendet wurden, geliebt – besonders die Szene im *Firmling*, in der sich das Gesicht Pepperls/Liesl Karlstadts vom Weinen über eine ungerechte Watschn zum Lachen über die Absurdität der zünftigen Situation verwandelt. Ich hatte eigentlich nur Augen für die Liesl, Valentin war für mich eher eine Nebenfigur. Schau dir doch mal die Reihe ihrer Rollenfotos hier im Kabinett an: den Kapellmeister, den Lehrjungen im Fotoatelier, den Firmling – Liesl Karlstadt hat sie alle gespielt und dabei die unterschiedlichsten Masken und Verkleidungen getragen. Es ist überhaupt nicht selbstverständlich, dass man darin ein und dieselbe Frau erkennt. Ich kann bis heute nicht verstehen, dass man Liesl Karlstadt nicht zu allen Zeiten als absolut aufregend bestaunt hat."

Stimmt – auch für mich ist es unerklärlich, wie man Liesl Karlstadt in den Zwanziger- und Dreißigerjahren übersehen oder als nur nebensächlich wahrnehmen konnte, wie es so namhaften Publizisten wie Lion Feuchtwanger, Bertolt Brecht, Alfred Polgar, Kurt Tucholsky und Alfred Kerr passiert ist. Die schier unbegrenzte Verwandlungsfähigkeit und Flexibilität Liesl Karlstadts entging diesen sonst so aufmerksamen Autoren; sie konzentrierten sich fast ausschließlich auf Karl Valentin, feierten sein Genie und degradierten Liesl Karlstadt zur Stichwortgeberin. Doch im Laufe der Jahre veränderte sich der Blick auf das Komikerpaar, und am Ende des zwanzigsten Jahrhunderts rückte Liesl Karlstadt zunehmend in den Mittelpunkt des Interesses. Und dann wandten sich innerhalb von wenigen Jahren vier Publizistinnen Liesl Karlstadt zu: Marie Bardischewski drehte den Dokumentarfilm *Ein Stück von ihm*; Monika Dimpfl richtete in der Monacensia eine Ausstellung ein und veröffentlichte dazu die Biografie *Immer veränderlich*; Barbara Bronnen widmete sich der Paarbeziehung zwischen Karlstadt und Valentin; und Gunna Wendt schrieb noch eine Biografie: *Liesl Karlstadt – Ein Leben*. Einen Höhepunkt der Zuwendung und Würdigung Liesl Karlstadts bedeutete die Einrichtung des Liesl-Karlstadt-Kabinetts und die damit verbundene Umbenennung des bisherigen Valentin-Musäums in Valentin-Karlstadt-Musäum am 25. Juli 2001.

„Die Umbenennung war längst überfällig", erklärt Gunna Wendt, „denn Liesl Karlstadt war nicht nur die kongeniale Bühnenpartnerin Karl Valentins, sondern auch die Mitverfasserin der bekanntesten Stücke. Das lässt sich durch einen Blick in ihren Nachlass im Münchner Literaturarchiv Monacensia einwandfrei belegen. Bei vielen Stücken, die in der Öffentlichkeit immer nur Valentin zugerechnet werden, scheinen hier als Autoren beide Namen auf. Liesl Karlstadts Mitautorenschaft ist auch rechtlich in einem Vertrag fixiert, den der Piper Verlag mit der Valentin-Erbin abgeschlossenen hat. Valentin hat zwar seine Karriere als Solokünstler gestartet und viele Monologe, Soloszenen, Dialoge und Couplets verfasst, aber zweifellos war er mit den Werken am erfolgreichsten, die er zusammen mit Liesl Karlstadt verfasst und aufgeführt hat."

Nach den hervorragenden Weißwürscht entschließen wir uns zu einem weiteren Schmankerl des Turmstüberls, zu „Auszognen". Das sind Schmalznudeln, dazu gibt es ein Haferl Milchkaffee. Gunna fährt fort: „Liesl Karlstadt sammelte Zeitungsartikel über sich und ihre Auftritte und arrangierte sie, zusammen mit Fotos und Programmzetteln, in fünf großen Bühnenalben. Schon zu Beginn ihrer Karriere schrieb sie darin, sie habe sich als *Schusterbua* bedeutend wohler gefühlt als in der Rolle der Soubrette. Und so ist es geblieben. Zwei Männerfiguren unterschiedlichen Alters wurden zu ihren berühmtesten Rollen am Theater und im Film: der jugendliche Firmling und der alte Kapellmeister. Nachdem sie, wie sie selbst sagte, zunächst ihre weibliche Eitelkeit vergessen musste, um den alten, beleibten Kapellmeister zu spielen, erkannte sie bald, dass sie *in der Hosn immer a freche Goschn* haben würde. Das gefiel ihr und uns, dem Ausstellungsgestalter Herbert Woyke und mir. Wir haben die Inszenierung der Figur Liesl Karlstadt in verschiedene Facetten aufgefächert – angelehnt an ihre eigene vielschichtige Selbstdarstellung. Als Material dienten die Bühnenalben, Manuskripte, Dokumente, Fotos, Plakate, Theaterprogramme, Kostüme, Musikinstrumente und persönliche Gegenstände aus dem Nachlass. Ganz wichtig: der Zerrspiegel, früher ein beliebtes Jahrmarkt-Requisit, das auch heute noch den Besuchern gefällt – vor allem den ganz jungen. Der Zerrspiegel zeigt unbekannte Seiten einer jeden Person und wie schnell sich das Komische ins Tragische verwandeln kann. Zum Glück auch umgekehrt …" – „Und das schauen wir uns jetzt gleich nochmals an", schlage ich vor. Wir zahlen und gehen ein Stockwerk tiefer in Liesls Kabinett.

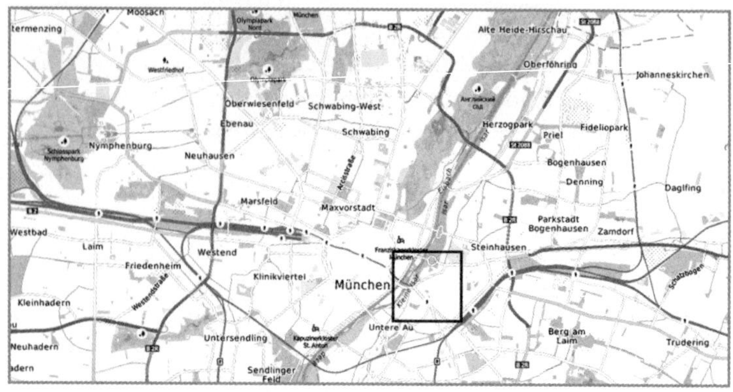

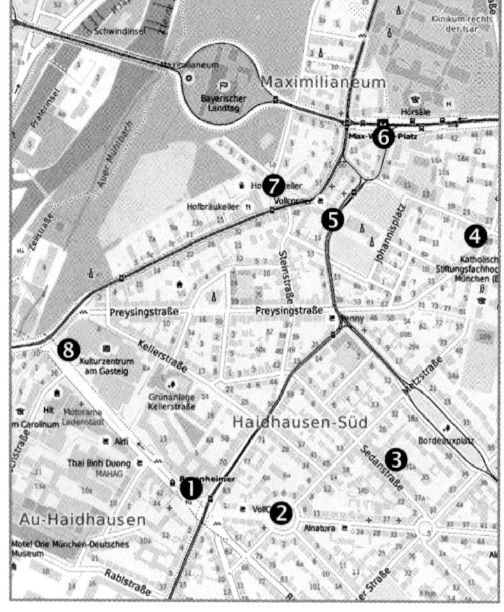

Durchs Franzosenviertel ins alte Haidhausen zum Gasteig

1. *Rosenheimer Platz*
2. *Weißenburger Platz*
3. *Café im Hinterhof*
4. *Haidhausen-Museum*
5. *Johannisplatz*
6. *Max-Weber-Platz*
7. *Wiener Platz*
8. *Gasteig*

Genussflanieren in Haidhausen

Durchs Franzosenviertel

Das Tor zu Haidhausens schönstem Teil, dem Franzosenviertel, ist der Rosenheimer Platz – per Tram oder S-Bahn einfach erreichbar, die S-Bahn-Stammstrecke zwischen Hauptbahnhof und Ostbahnhof führt hier entlang. Östlich der Isar und zentral gelegen, bietet sich der Platz als Ausgangsort für besondere Stadtspaziergänge an, nicht nur – wie heute – ins Franzosenviertel. Ich nehme den S-Bahn-Ausgang Weißenburger Straße und stehe prompt am Anfang dieser Straße mit italienischen Lokalen und kleinen Geschäften, die eine Fußgängerzone und damit perfekt fürs städtische Flanieren ist. Die Weißenburger Straße mündet in den Weißenburger Platz mit altem Baumbestand und einem wunderbaren Brunnen.

Im Franzosenviertel lebt nicht, wie der Name nahelegen würde, die französische Gemeinde Münchens, nein, der Name hat historische Gründe. Das Franzosenviertel wurde nach 1870 in mehrstöckiger Blockbebauung errichtet und verdankt seine Bezeichnung den französischen Straßen- und Platznamen, von Metzstraße über Pariser Straße und Pariser Platz bis zu Bordeauxplatz, Wörthstraße – nach dem elsässischen Woerth – und Weißenburger Straße, die nach Wissembourg im Elsass benannt ist. Diese Platz- und Straßenbenennungen sollten an

Weißenburger Platz

die siegreichen Schlachten Deutschlands über Frankreich im Krieg von 1870/71 erinnern – bei Wissembourg etwa feierte Deutschland am 4. August 1870 gleich den ersten Kriegserfolg.

Der Weißenburger Platz mit seinem imposanten Brunnen, seinen alten Bäumen, die in zwei Reihen kreisförmig um den Brunnen Schatten spenden, und seinen mehrstöckigen Bürgerhäusern, zwischen die Neubauten gut eingepasst sind, ist für mich der schönste Platz Münchens. Der mehrstufige Brunnen mit seinen feinen Wasserkaskaden passt wunderbar hierher und wirkt, als sei er extra für den Weißenburger Platz entworfen worden, aber dieser Eindruck trügt. Der Brunnen wurde 1853 von August von Voit für den Münchner Glaspalast im Alten Botanischen Garten entworfen. Auf den Weißenburger Platz gelangte er über eine Zwischenstation auf dem Orleansplatz – der, wie der Name verrät, auch im Franzosenviertel liegt – erst nachdem der Glaspalast 1931 abgebrannt war. Zu empfehlen ist zur Weihnachtszeit auch der leuchtende Weihnachtsmarkt auf dem Weißenburger Platz mit seinen vielfältigen, originellen Ständen.

Ich nehme auf einer der Bänke vor dem Brunnen Platz und genieße die Schönheit und Harmonie des Ortes. Wenn sich an einem herrlichen Sommertag das Sonnenlicht im Wasser des Brunnen bricht und den Zauber der Wasserkaskaden besonders betont, fällt mir immer Eichendorffs Gedichtzeile ein: „Es war, als hätt' der Himmel die Erde still geküsst". Jaja, ich weiß, das Gedicht heißt *Mondnacht*, und trotzdem gibt es darin Verse, die passen. Auch bei Sonnenschein.

Am Weißenburger Platz befinden sich neben unterschiedlichen Geschäften auch verschiedene Lokalitäten, man kann hier von italienisch in der „Piazzetta" über asiatische Küche bis zur feinen Suppenküche gut essen und trinken. In den Weißenburger Platz münden drei Straßen: die Metzstraße, die Weißenburger Straße und die Lothringer Straße. Am Ende der schnurgeraden Metzstraße sehe ich den Turm der Alten Haidhauser Kirche, der die alten Häuser stolz überragt.

Die Weißenburger Straße ist die zentrale Einkaufsstraße im Franzosenviertel, sie führt vom Rosenheimer Platz über Weißenburger Platz und Pariser Platz zum Ostbahnhof am Orleansplatz. In der Vielfalt von Läden finden sich auch zwei Buchhandlungen, „Buch und Töne" mit einem vielfältigen Angebot an verbilligten Büchern und Tonträgern und den „Haidhauser

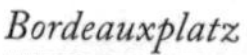
Bordeauxplatz

Buchladen", der älteste Buchladen des Viertels. Er bietet ein feines, sorgfältig ausgewähltes Generalsortiment vom guten Roman über Lyrik, Krimi, Kinderbuch bis zum Reiseführer. An literarischen Jahrestagen gibt es oft ganz besondere Schaufensterdekorationen zu den „Achttausendern" der Literatur, zu Arno Schmidt oder James Joyce etwa. Unlängst stand ich vor der Auslage und bewunderte die James-Joyce-Hommage mit selten angebotenen Werken des Dichters sowie seinen typischen Accessoires: Melone und Rundglasbrille.

Heute beginne ich meinen Spaziergang durch das Viertel aber mit der Lothringer Straße, die vom Weißenburger Platz nach Süden Richtung Orleansstraße führt. Sie gehörte zu den Straßen im Franzosenviertel, in denen viele Künstler lebten und arbeiteten, da es hier in den Hinterhöfen Ateliers gab. Im Rahmen von Luxussanierungen und verdichtendem Wohnbau wurden viele Ateliers aus den Hinterhöfen entfernt, trotzdem gibt es in der Straße noch feine Musik- und Kunstorte. In Lothringer Straße 5 befindet sich ein kleines Paradies der Partituren: der „Notenpunkt". Inhaber Heinz Lebermann, selbst begeisterter Musiker und Konzertveranstalter, bietet kompetente Beratung und gemütliche Atmosphäre zum Schmökern, Schauen und Kaufen. Darüber hinaus veranstaltet er Hauskonzerte vom Feinsten, deren Besuch ich unbedingt empfehle.

Ein Stück weiter komme ich an der städtischen Galerie Lothringer Straße 13 vorbei. In dieser im Hof gelegenen Kunstgalerie wird immer wieder Überraschendes zur internationalen Gegenwartskunst geboten; im Vorderhaus lädt der dazugehörige Lothringer13_Laden zum Kaffeetrinken und Schmökern ein. Die Auswahl an Büchern, Katalogen und Kunstmagazinen ist bemerkenswert und korrespondiert natürlich mit den Ausstellungen in der Galerie. Ein Ort, an dem man einfach verweilen kann, ohne konsumieren zu müssen.

Die Lothringer Straße ist auch literarisch verewigt – wenn auch aus makaberem Anlass. Der gebürtige Augsburger Dramatiker und Lyriker Bertolt Brecht, der einige Jahre in München lebte, schrieb die Ballade *Apfelböck oder die Lilie auf dem Felde* über Joseph Apfelböck, der 1919 in der Lothringer Straße 11 ohne Vorwarnung und Motiv seine Eltern tötete. Diese Geschichte eines jugendlichen Mörders gehört zu Münchens spektakulärsten Kriminalfällen. Eine Freundin, die recherchierte, wie es mit dem Mörder weiterging, erzählte mir, dass Apfelböck nach fünfzehn Jahren Gefängnis eine Anstellung bei BMW fand, eine Familie gründete und bis zu seinem Tod in hohem Alter ein fürsorgliches Familienleben führte. Ich komme nun zur Kreuzung Lothringer Straße/Pariser Straße, wo die kleine japanische Bäckerei Obori nicht nur japanisches, aber jedenfalls allerfeinstes Gebäck verkauft.

Gleich rechts in der Pariser Straße vermischt eins der besten Restaurants des Viertels, das „Servabo“, Italienisches mit Persischem auf wunderbare Weise. Der Inhaber ist ein italophiler Iraner, er hat sein Restaurant nach der Autobiografie von Luigi Pintor benannt – kein Wunder, führt er doch das Lokal zusammen mit einer Buchhändlerin. Jedem, der gut und in angenehmem, persönlichem Ambiente speisen will, sei Pizza Norcina – belegt mit Trüffelcreme und Salsiccia, für mich die beste Pizza der Stadt – empfohlen, dazu ein guter Wein und abschließend eine hausgemachte Schokotarte. Das Servabo hat heute noch nicht geöffnet, schade um meinen geplanten Espresso bei Karim und Helga. Deshalb biege ich links in die Pariser Straße ein, überquere den Pariser Platz, den wieder die Weißenburger Straße kreuzt, und folge der Sedanstraße.

In der Sedanstraße befindet sich gleich neben dem „Esoterischen Buchladen“, dem bestsortierten diesbezüglichen Laden der Stadt, eins von Münchens besten Frühstückscafés, das Café im Hinterhof. Der Name ist Programm: Das Café liegt im Hinterhof, bietet Jugendstilambiente und im Sommer eine feine Terrasse, dazu zu jeder Jahreszeit das beste Bratkartoffelfrühstück der Stadt. Neben exzellentem Frühstück

Café im Hinterhof

wird ausgezeichnetes Mittagessen angeboten, das immer wieder mit asiatischen Gerichten des sri-lankischen Kochs überrascht. Dieses Café ist nicht nur ein Genussort für Kaffeehaussüchtige, sondern auch ein wichtiger kultureller Treffpunkt des Viertels: Es gibt eine kleine Galerie der Gegenwartskunst mit wechselnder Ausstellung von Künstlern und Künstlerinnen, die hier im Viertel leben oder ihr Atelier haben, am Wochenende gibt es Live-Pianomusik. Das Café wurde 1985 von Jochen Oppermann mit Freunden eröffnet und erhebt in der vielfältigen Lokal- und Restaurantlandschaft Haidhausens von jeher den Anspruch, Qualität mit niedrigen Preisen zu verknüpfen. Für Zeitungsleser liegt ein großes Angebot, von Süddeutscher Zeitung, Frankfurter Allgemeiner Zeitung, Neuer Zürcher Zeitung über die Stadtteilzeitung bis Charlie Hebdo, bereit.

Vom Café im Hinterhof gehe ich weiter bis zur Ecke Sedanstraße/Metzstraße. Hier könnte ich links abbiegen und an der nächsten Ecke beim besten Griechen des Viertels, bei Kalami an einem Tisch auf dem Gehsteig Gyros, Fisch, griechischen Salat und Retsina genießen, aber ich biege nicht links, sondern rechts ab und gehe bis zur Wörthstraße.

Die Bürgerhäuser in der Wörthstraße sind auffallend hoch und wurden zum größten Teil um 1900 erbaut. Einige sind um noch ein Stockwerk höher als die umliegenden Gebäude. Die Wörthstraße erinnert mich mit ihrer Allee, den breiten Gehsteigen, den vielen Lokalen und Geschäften und dem Bordeauxplatz inklusive Park und Brunnen an einen französischen Boulevard. In der Wörthstraße fährt die Trambahnlinie 21, die ursprünglich als Trambahnlinie 19 als Ost-West-Durchmesser von der St.-Veit-Straße kommend über den Ostbahnhof, die Maximilianstraße bis zum Hauptbahnhof und weiter nach Pasing alle zentralen Orte der Stadt anfuhr. Als Linie 21 fährt sie nun nicht mehr nach Pasing,

Max-Reger-Gedenktafel

sondern biegt am Hauptbahnhof Richtung Norden zum Westfriedhof ab.

An der Kreuzung Wörthstraße/Metzstraße liegt die „Brot- und Feinbäckerei Neulinger" – für Frühstück zum Beispiel sehr zu empfehlen! –, und zwar in den Räumlichkeiten, die schon das Café Reichshof beherbergte, das um 1900 Karl Valentin besuchte. Karl Valentin wurde nämlich als Valentin Ludwig Fey im Nachbarstadtteil Au geboren und absolvierte in Haidhausen eine Schreinerlehre – den Nagel, an den er die Schreinerei hängte, um Komiker zu werden, kann man heute im Valentin-Karlstadt-Musäum besichtigen.

Gleich neben dem Café Reichshof liegt Münchens kleinstes, privat geführtes Museum: das Fingerhutmuseum. Margit Bachschneider hat es in ihrer Änderungsschneiderei eingerichtet, wo es um die tausend Fingerhüte in ganz unterschiedlichen Ausführungen zu bestaunen gibt. Ich hätte eine solche Vielfalt nicht für möglich gehalten, da ich von meiner Mutter nur den üblichen silbernen Fingerhut kannte, bis ich zufällig diesen besonderen Ort entdeckte, als ich ein Kleidungsstück ändern lassen wollte.

Schräg gegenüber der Bäckerei liegt die Taverna Diyar, ein kurdisch-türkisches Lokal und insofern eine Münchner Rarität, als das Lokal an allen Fest- und Feiertagen, auch zum Beispiel am 24. Dezember, geöffnet hat. Für alle, die an Heiligabend nicht selbst kochen wollen oder einfach kein Interesse an opulenten Weihnachtsmenüs haben, gibt es hier einfache, schmackhafte kurdisch-türkische Kost zu guten Preisen.

Ich biege an der Ecke Wörthstraße/Metzstraße rechts ab und gehe nach Südosten Richtung Ostbahnhof. Ich passiere die Buchhandlung Horne mit ihrem reichhaltigen und gut ausgewählten Angebot an Literatur und Kinderbüchern und den „Grenzgänger", eine der ältesten Kaffee- und Weinhandlungen Haidhausens. Am Nachbarhaus, Wörthstraße 20, befindet sich eine Erinnerungstafel an den großen Komponisten Max Reger, der 1902/03 hier wohnte. Ganz in Gedanken gehe ich weiter zur Ecke Pariser Straße/Bordeauxplatz, bis zum Haidhauser Augustiner, einem Restaurant, in dem man heimische Kost, vor allem ausgezeichnete Weißwürste, genießen kann. Dafür ist es jetzt noch zu früh.

Ich wechsle die Straßenseite, biege in die hier beginnende Breisacher Straße ein und gehe bis zur Einmündung der Belfortstraße. Wer Pralinen liebt, muss unbedingt einen kurzen Abstecher zur Belfortstraße 21 machen: Hier bietet die Confiserie Micksch feinste Leckereien. Ursprünglich aus Breslau stammend und seit 1870 Pralinen herstellend, kam die Familie Micksch nach 1945 nach Bayern, brachte die originalen Rezepturen mit und siedelte sich 1952 am Ostbahnhof in der Belfortstraße an. Zu den besonderen Spezialitäten gehören Glocken und Bienenkörbe, ein in reiner Handarbeit gefertigtes makronenartiges Gebäck.

Zurück in der Breisacher Straße komme ich am Stadtteilladen vorbei. Hier sind die Haidhauser Nachrichten, die älteste Stadtteilzeitung Münchens, beheimatet; seit 1975 wird ehrenamtlich monatlich mit Liebe und Sorgfalt berichtet, was im Bezirk so alles gebaut wird, was der Bezirksausschuss diskutiert und dann zum Wohle der Haidhauser und Haidhauserinnen beschließt und wo man in Haidhausens Restaurants und Lokalen besonders gut essen und trinken kann.

Die Breisacher Straße führt direkt in Haidhausens Bermudadreieck mit ausgezeichneten Bars und Restaurants zum Essen und vor allem Cocktailtrinken, wie die Esco Bar im Tex-Mex-Stil und die Lisboa Bar mit portugiesischen Anleihen. Wenn man in der Lisboa Bar am Tresen sitzt und ein Glas Madeira trinkt, diesen wunderbaren Portwein, der schmeckt, als wäre die Landschaft dieser Blumeninsel in Wein materialisiert, fühlt man sich sofort ein großes Stück nach Süden versetzt. Wer einen Lokalabend plant, kann zuerst etwa das feine Restaurant Wiesengrund – der Name ist eine Hommage an Theodor W. (Wiesengrund) Adorno – besuchen und den Abend dann in der Esco Bar oder in der Lisboa Bar ausklingen lassen.

Ins alte Haidhausen

Das Restaurant Wiesengrund in der Elsässer Straße ist nicht nur seiner Benennung und seiner Küche wegen erwähnenswert, hier lohnt auch ein Blick auf die prächtige Fassade: Das Gebäude ist schlicht eines der schönsten Jugendstilhäuser von Haidhausen.

Ich gehe am Hypo-Park entlang Richtung Kirchenstraße – wer mag, kann auch im Park nach Norden spazieren – und nähere mich damit dem alten Haidhausen. An der nächsten Kreuzung biege ich links in die Kirchenstraße ein, die zum ältesten Teil des ehemaligen Straßendorfes Haidhausen gehört. Haidhausen bestand ursprünglich nur aus ein paar Häusern auf der Heide vor den Toren Münchens. Namensgebend für die Kirchenstraße war die Alte Haidhauser Pfarrkirche St. Johann Baptist samt Friedhof. Der nach Bränden und Kriegen mehrfach umgebauten Kirche mit romanischem Kern sieht man nicht an, dass sie zu den ältesten Kirchen Münchens gehört, es gibt aber eine Urkunde aus dem Jahre 808, in der die

Übergabe der Kirche an den Freisinger Dom erwähnt wird. Nördlich der Kirche liegt unter Bäumen wie in einem Park der wunderschöne alte Friedhof, der in heißen Sommermonaten Schattenoase und zu allen Zeiten ein Ort der Ruhe und Erholung ist.

An der nächsten Kreuzung entscheide ich mich für links, für die Wolfgangstraße, folge dieser aber nur ein Stück, halte mich wieder links und gehe durch die Leonhardstraße, vorbei an einem ehemaligen Kloster, in dem eine Schule untergebracht ist, weiter bis zur Preysingstraße. Inmitten von Haidhausen mit seinen mehrstöckigen Bauten ist die Preysingstraße mit ihren kleinen Häuschen eine echte Überraschung – obwohl natürlich die ursprüngliche Bebauung nicht vollständig erhalten ist, auch hier überwiegen die Neubauten. In Nummer 77 befindet sich seit dreißig Jahren die Gastwirtschaft Zum Kloster, die sehr gutes Frühstück, am Wochenende Münchner Weißwurstfrühstück anbietet. Am Ende der Preysingstraße steht das idyllische, denkmalgeschützte Üblacker-Häusl, das als Beispiel für die alten Haidhauser Herbergshäuser erhalten wurde und auch ein kleines Museum beherbergt. Hier biege ich rechts ab, gehe – ein Dreieck vollendend – die Wolfgangstraße entlang wieder zur Kirchenstraße zurück, biege links ab und komme gleich zum Haidhausen-Museum, das in Privatinitiative von Herman Wilhelm aufgebaut wurde und sich der Geschichte des Stadtviertels verschrieben hat, ergänzt mit wechselnden Ausstellungen – zu Stadtteilthemen natürlich.

Schon tauche ich ein in Haidhausens beachtlich lange Geschichte, die mit einer urkundlichen Erwähnung als „Haidhusir“ 808 beginnt, womit Haidhausen älter als München ist, das urkundlich erstmals 1158 erwähnt wird. Das Dorf bestand lange Zeit nur aus ein paar Bauernhäusern, Kleinbauernhöfen und Kirchen und erlebte einen ersten Aufschwung durch die Gründung Münchens, da durch den Ort die Salzstraße führte. Nachdem Haidhausen 1692 als Hofmark dem Reichsgrafen Franz Pongratz von Leiblfing zugesprochen wurde, hatte es im Laufe des nächsten Jahrhunderts unterschiedliche adelige Eigentümer, wurde 1826 von der Familie Törring-Seefeld an den bayerischen Staat verkauft und zur Landgemeinde ernannt. Lorenz Westenrieder beschrieb 1782 Haidhausen als Gartendorf mit Schlössern: „Die Hofmark Haidhausen liegt eine Viertelstunde von München, wohin schöne Wiesen und Alleen führen. Es sind da zwo Kirchen; dann einige Schlösser, als des Titl. Herrn Grafen von Seefeld, item des Titl. Herrn Grafen von Preysing; und neben etlichen öffentlichen viele, viele Privatgärten."

Neben den bäuerlichen und den wenigen adeligen Bewohnern ließen sich Handwerker und Tagelöhner in und um Haidhausen nieder, die sich das hohe Münchner Einbürgerungsgeld nicht leisten konnten, aber in München für den Bau der Stadtmauer und der Frauenkirche gebraucht wurden. Es entstanden große Ziegeleien, die Arbeiter lebten in ärmlichen kleinen Herbergshäusern mit Plumpsklo und Pumpbrunnen. Bereits 1628 zählte man „In der Grube", der heutigen Einsteinstraße, 44 Herbergen. Haidhausen war 1782 nicht nur Schloss- und Gartendorf, sondern auch Tagelöhnervorort, der bei den Münchnern einen so schlechten Ruf hatte, dass diese 1674 beim großen Residenzbrand die Stadttore schlossen, um die Haidhauser Bettler fernzuhalten.

1854 wurde Haidhausen mit Giesing und Au nach München eingemeindet und bekam die Bezeichnung Vorstadt Haidhausen. Eine Ansicht von 1858 zeigt, dass sich das Zentrum von Haidhausen von der Kirchenstraße hin zur Einsteinstraße, zum Johannisplatz mit der neuen Pfarrkirche und zum heutigen Wiener Platz verschob. Am Gasteig und in seiner Umgebung, der Keller-, Wiener und Rosenheimer Straße, befanden sich viele Bierkeller der Münchner Brauereien; aus dem Gartendorf wurde ein Arbeiter- und Handwerksdorf. Der

Wiener Platz

Blick auf den Plan von 1858 zeigt jedoch auch, dass Haidhausen trotz der Erweiterungen noch von zahlreichen unbebauten Feldern umgeben war. Zum Zeitpunkt der Eingemeindung zählte Haidhausen 6107 Einwohner, bis 1900 wuchs die Gemeinde rasant auf 46.000. Haidhausen war bis in die 1970er-Jahre ein Arbeiterviertel mit Altbauwohnungen, von denen die wenigsten ein Badezimmer hatten, und die Wasserstelle mussten sich mehrere Hausparteien teilen. So erzählte mir eine Bekannte, sie sei in der Lothringer Straße groß geworden, später aber gerne weggezogen, weil ihre Familie in einer dunklen Erdgeschosswohnung unter unschönen sanitären Bedingungen gewohnt habe. Davon abgesehen habe auch die alte, quietschende Straßenbahn, die damals noch durch die Straße fuhr, ziemlich genervt.

Im Anschluss an die Münchner 68er-Bewegung wurde Haidhausen von Künstlern entdeckt, die vor allem aufgrund der niedrigen Mieten hierherzogen. So entstand eine lebendige Kneipen- und Kleinkulturszene und weckte in Haidhausen naturgemäß das Interesse von Immobilienfirmen. Die unvermeidbar eintretende Gentrifizierung, also die Luxussanierung von alten Wohnungen und die massive Anhebung der

Mietpreise, führte dazu, dass Ateliers in den Hinterhöfen abgerissen wurden; noch aber begeistern die Schönheit der Plätze und einzelner Straßenzüge, die Vielfalt der Kneipen und die Möglichkeit, zu Fuß alles einkaufen und gut leben zu können.

Gut ausgestattet mit Haidhauser Wissen, verlasse ich das Museum und biege hier links in die Kirchenstraße ein. Die Kirchenstraße, der ich nun folge, führt zum Johannisplatz mit der St.-Johann-Baptist-Kirche, der neuen Haidhauser Kirche. Im Laufe des neunzehnten Jahrhunderts stieg Münchens Bevölkerung so stark an, dass die Alte Haidhauser Kirche zu klein wurde – eine neue Kirche sollte gebaut werden. Die Grundsteinlegung für die von Matthias Berger im neugotischen Stil geplante Kirche erfolgte 1852, der Bau wurde aber durch Geldmangel und Rechtsstreitigkeiten zwischen Bischof und Stadtgemeinde München – 1854 Eingemeindung Haidhausens – verzögert und verschleppt. 1870 wurde endlich der fast 80 Meter hohe Westturm fertig, erst 1874 war die ganze Kirche fertig, und am 24. August 1879 konnte die neue Kirche endlich geweiht werden.

Vom Johannisplatz zum Gasteig

Am Nordende vom Johannisplatz mit seinen kleinen Kneipen versteckt sich an der Ecke Schloßstraße/Kirchenstraße Haidhausens kleinster Buchladen, der Buchpalast, der verspricht, alle Bücherschätze zu heben, die Kunden sich wünschen, und der reichlich literarische Kleinode für alle Alters- und Leseklassen bereithält. Ich komme ja grundsätzlich an keiner Buchhandlung vorbei – wenigstens kurz muss ich unbedingt hineinschauen. Mit einer Tasche in der Hand biege ich wenig später in die Schloßstraße ein und gelange zur Einsteinstraße samt Max-Weber-Platz. Nur ein kleines Stück entfernt, in Einsteinstraße 42, finden wir im Kellergewölbe Münchens bestes Jazz-Lokal, die Unterfahrt. Als Heimlokal des berühmten Jazzlabels Act spielen und singen hier international renommierte Künstler – Jazz in anderer Dimension sozusagen, wenn man etwa das neue Album von Cæcilie Norby live vorgestellt bekommt. Neben der Unterfahrt befindet sich im Kellergewölbe auch ein cineastisches Kleinod: das Kim Kino. Wer besondere Filme sehen möchte, Filme, die München- und Haidhausen-Bezug haben, muss dieses kleine charmante Kino besuchen. Im gleichen Block kann man sich nach dem Kino dann noch ein gutes Bier mit Flammkuchen im Unionsbräu gönnen.

Max-Weber-Platz

Der Max-Weber-Platz wurde ursprünglich nicht nach dem berühmten Soziologen benannt, sondern nach dem gleichnamigen Haidhauser Stadtrat, der gewiss Verdienstvolles geleistet hat, heutzutage aber eher unbekannt sein dürfte. Der Soziologe Ulrich Beck plädierte dafür, dass der berühmte Gründer der deutschen Soziologie, Max Weber, der auch in München lehrte, ebenfalls genannt werden sollte, und so einigte man sich darauf, den Max-Weber-Platz an beide historischen Persönlichkeiten erinnern zu lassen, was 1998 feierlich in die Tat umgesetzt wurde. Der Max-Weber-Platz ist eine Verkehrsdrehscheibe mit U-Bahn-Station und Straßenbahnstationen. Richtung Osten führt die Einsteinstraße stadtauswärts, Richtung Westen geht sie gleich in die Max-Planck-Straße über, die zum Maximilianeum führt, zum Sitzungsort des Bayerischen Landtags also. Ich biege aber vorher vom Max-Weber-Platz links in die Innere Wiener Straße ein und spaziere zum Wiener Platz. Der Wiener Platz mit seiner charmanten architektonischen Mischung aus Markständen, kleinen ehemaligen Herbergshäuschen, großen Bürgerhäusern und dem Hofbräukeller, dazu mit dem Blick auf die Neue Haidhauser Kirche, die

St.-Johann-Baptist-Kirche, ist ein konzentrierter Schnitt quer durch die Bau- und Sozialgeschichte von Haidhausen.

Der Biergarten des Hofbräukellers am Wiener Platz war einst ein Geheimtipp für Freunde des Münchner Biergartens, da er einer der wenigen großen zentral gelegenen Biergärten ist. Inzwischen ist der von Kastanien herrlich beschattete Biergarten allerdings immer sehr gut besucht und nur zu empfehlen für Menschen, die in einem Gastgarten nicht unbedingt Intimität brauchen. Lange Zeit war der Hofbräukeller natürlich eine richtige Brauerei, in der das Hofbräubier gebraut wurde, das auch am Platzl ausgeschenkt wird, 1988 übersiedelte die Brauerei nach Riem, ganz im Osten Münchens. Vom Hofbräukeller gibt es neben aller Biergemütlichkeit vor allem zwei unrühmliche Ereignisse zu berichten: Bei der Niederschlagung der Münchner Räterepublik wurden 1919 im Hofbräukeller zwölf unschuldige Männer, die gar nicht an den Kampfhandlungen der Räterevolution beteiligt gewesen waren, erschossen; die Mörder, Soldaten des rechten Freikorps Lützow, wurden nie vor Gericht gestellt. Eine Gedenktafel erinnert an diese grausame Tat. Und am 16. Oktober 1919 trat im Hofbräukeller der spätere Nazi-Diktator Adolf Hitler zum ersten Mal öffentlich vor größerem Publikum auf.

Neben bayerischer Biergartentradition lebt auf dem Wiener Platz – wie schon der Name verspricht – auch ein bisschen Wiener Kaffeehauskultur: Im Café Wiener Platz gibt es neben gutem Wiener Melange ausgezeichnete Tagesgerichte. Als besonderes Schmankerl finden hier alle White-Russian-Liebhaber den besten White Russian der Stadt. Dafür ist es aber wohl noch ein wenig früh – ich gehe am Café Wiener Platz vorbei in die Steinstraße, komme an Münchens ältestem französischen Restaurant Rue des Halles und ein Stück weiter an der Ecke Steinstraße/Milchstraße am kleinen, gemütlichen Italiener Mezzodi vorbei. Ich folge der Steinstraße bis zur nächsten Kreuzung und biege rechts in die Kellerstraße ein. Die

Kellerstraße ist auf der rechten Seite bebaut mit alten Bürgerhäusern, die um die Jahrhundertwende errichtet wurden und entsprechend harmonisch proportioniert sind; auf der linken Seite bildet ein neuer Wohnblock den historischen Kontrast dazu. Auf der rechten Seite lädt „Molly Malone's Irish Pub" alle Irlandfreunde zum süffigen Ale ein. Dann öffnet sich die Kellerstraße links, ein großzügiger Spielplatz liegt einladend in der Sonne. Zwei große Klinkergebäude umrahmen das Gelände: das GEMA-Gebäude (Gesellschaft für musikalische Aufführungs- und mechanische Vervielfältigungsrechte) und das Gasteiggebäude – ein wichtiges Kultur- und Bildungszentrum. Den Platz schmückt eine der eigenwilligsten Brunnenanlagen von München, der Grammofonbrunnen mit seinem goldenen Knopf am Ende des angedeuteten Grammofontrichters. Ich biege am Spielplatz zum Grammofonbrunnen ab und gehe weiter zum „Tubabrunnen" genannten Erich-Schulze-Brunnen, der zwischen GEMA-Gebäude und Gasteig steht. Während die Tuba die ernste Musik symbolisieren soll, steht das Grammofon für die Unterhaltungsmusik. Die Bronze-Brunnen wurden 1990 vom Münchner Künstler Albert Hien

Grammofonbrunnen

Erinnerungstafel an Georg Elser

geschaffen – zum Andenken an Erich Schulze, der die GEMA aufbaute und jahrzehntelang im GEMA-Vorstand wirkte. Neben dem Tubabrunnen und rechts vom Eingang des Gasteiggebäudes liegt der Eingang zur S-Bahn-Station Rosenheimer Platz – interessant für jene, die sich den Spaziergang sparen, aber die modernen Kunstwerke nicht entgehen lassen möchten. Weitere Werke Albert Hiens, der für viele seiner skurrilen Installationen und „Umerfindungen" mit Wasser und Licht arbeitet, sind in der Städtischen Galerie im Lenbachhaus sowie regelmäßig in Ausstellungen der Galerie Walter Storms zu sehen. Zwischen Grammofonbrunnen und Tubabrunnen befindet sich am Boden – das muss noch erwähnt werden – eine Erinnerungstafel an Georg Elser, der 1939 im ehemaligen Bürgerbräukeller, der damals hier stand, ein leider erfolgloses Attentat auf Adolf Hitler und einen großen Teil der NS-Spitze verübte, woran diese Bodentafel und ein Schaukasten im Kulturzentrum Gasteig erinnern.

Der Name Gasteig kommt von „gacher (steiler) Steig". Das Kulturzentrum ist ein architektonisch dominanter Bau am Isarabhang, eben am Gasteigberg. Der Gasteig beherbergt neben der Philharmonie und verschiedenen Veranstaltungsräumen auch die Stadtbibliothek mit der Volkshochschule. Es finden zahlreiche kleine und größere kulturelle Veranstaltungen statt, wie etwa das jährliche Filmfest. Auch wenn der Bau architektonisch umstritten ist und aufgrund der anhaltenden Kritik an der Akustik eine neue Philharmonie gebaut werden soll, wird der Gasteig von zahlreichen Menschen besucht: Sowohl die Konzerte der berühmten Münchner Philharmoniker als auch die Auftritte von Musikergrößen wie Jan Garbarek oder Igor Levit sind regelmäßig ausverkauft. Um die Kulturliebhaber nicht hungern zu lassen, gibt es hier auch etliche gute Lokale – Genuss für Geist und Körper also.

Ich durchquere den Gasteig und komme zum Vorplatz, zum Celibidache-Forum mit der Skulptur Gerundetes Blau des Münchner Künstlers Rupprecht Geiger, der mit seinen roten hochenergetischen Monochromen in der Farbe Rot bekannt wurde, und habe hier vor allem im Winter – wenn das üppige Grün der an sich schönen, aber in diesem Fall allzu dichten Bäume nicht die Sicht verstellt – einen wunderbaren Blick auf die Ludwigsbrücke über die Isar, das Deutsche Museum und das Müller'sche Volksbad mit seinem Uhrturm – ein schlossähnliches Gebäude, in dem man nie eines der schönsten Jugendstilbäder der Welt vermuten würde. Auf dem Vorplatz des Kulturzentrums ist ein kleiner Geschichtslehrpfad in Form einer Schaukastenausstellung mit Bildern aus alten Zeiten installiert worden, der etwa davon erzählt, dass hier vor dem Kulturzentrum ein Altenheim stand und der Gasteig mit der Rosenheimer Straße um 1850 von zahlreichen Bierkellern geprägt war, woran die in unmittelbarer Nähe verlaufende Kellerstraße erinnert.

Vom Celibidache-Forum steige ich die wenige Stufen hinunter und gelange auf die Rosenheimer Straße. Rechts geht es über die Isarbrücke zum Deutschen Museum und zum Müller'schen Volksbad. Gegenüber, am Ende der Rosenheimer Straße, befindet sich die Buchhandlung am Gasteig, die

Buchhandlung Perthel, mit einem ansprechenden Generalsortiment. Hier gibt es in gemütlicher Atmosphäre eine große Auswahl, vom guten Roman über Kinderbücher, Sach- und Fachbücher sowie Reiseführer bis zum Stadtteilbuch. Die Rosenheimer Straße, die auf Bildern um 1900 noch ein prächtiger Boulevard war, ist heute eine viel befahrene zweispurige Straße, was einen Spaziergang hier entlang Richtung Isar nicht wirklich empfehlenswert macht. Ich gehe stattdessen links hinauf zum Rosenheimer Platz, in den die Weißenburger Straße mündet, und beende den Flanierspaziergang durch Haidhausen unter den schattigen Bäumen des Weißenburger Platzes, während ich schon überlege, in welchem Lokal am Platz ich mich nach diesem Streifzug stärken soll.

Zum Besuchen und Genießen

Galerie Lothringer13
Lothringerstraße 13, +49 (0)89 666 07 333
Di–So 11–20 Uhr
www.lothringer13.de
Spannende Ausstellungen mit Werken von internationalen Gegenwartskünstlern und ein Leseraum mit allen wichtigen Kunstzeitungen und einer feinen, kleinen Kunstbuchauswahl – und das bei freiem Eintritt.

Haidhausen-Museum
Kirchenstraße 24, +49 (0)89 48 01 777
Mo–Mi 17–19, So 14–17 Uhr
www.haidhausen-museum.mux.de
Neben einem fundierten Überblick zur Geschichte Haidhausens gibt es immer wieder wechselnde Ausstellungen.

Gasteig

Rosenheimer Straße 5, +49 (0)89 480980
Mo–So 8–23 Uhr (im Sommer teils geänderte Öffnungszeiten)
www.gasteig.de
Das größte Kulturzentrum Münchens mit Philharmonie, Volkshochschule, Bücherei und Galerie, das zahlreiche Veranstaltungen anbietet, dazu gibt es diverse Lokale oder einfach die Gelegenheit, sich auszuruhen oder inspirieren zu lassen.

KIM Kino

Kulturzentrum Einstein
Einsteinstraße 42
www.kim-kino.de
Das Kino mit besonderem Flair.

Servabo

Pariser Straße 15, +49 (0)89 444 99 432
Mo–Sa 18–1 Uhr
www.servabo.de
Klein, aber fein, mit der besten Pizza der Stadt: Pizza Norcina.

Café im Hinterhof

Sedanstraße 29, +49 (0)89 448 99 64
Mo–Sa 8–20 Uhr, So 9–20 Uhr
www.cafeimhinterhof.de
Das Café im Hinterhof mit seiner gemütlichen Einrichtung, seinen Jugendstillampen, dem reichhaltigen Zeitungsangebot, dem guten Kaffee mit vielfältiger Frühstückskarte und wechselnden Mittagsgerichten, mit seinen kleinen, feinen kulturellen Veranstaltungen und seinem gemischten Publikum ist ein Ort, an dem der Geist der Wiener Kaffeehaustradition weiterlebt.

Kalami

Kellerstraße 45, +49 (0)89 487282
Di–So 17–1 Uhr
Ein seit 30 Jahren unverändertes Lokal mit sehr guter griechischer Küche und Bedienung.

Jazzclub Unterfahrt

Einsteinstraße 42, +49 (0)89 4482794
Mo–So 19.30–1 Uhr, Konzertbeginn 21 Uhr
www.unterfahrt.de
Jazz-Lokal mit Bewirtung und immer wieder spannenden einheimischen und internationalen Musikgrößen.

Augustiner Haidhausen

Wörthstraße 34, +49 (0)89 662 862 15
Mo–So 10–1 Uhr
www.haidhauser-augustiner.de
Bayerische Wirtschaft mit dem Münchner Augustiner-Bier. Wer bayerische Küche kennenlernen will, ist hier gut aufgehoben.

Lisboa Bar

Breisacherstraße 22, +49 (0)89 448 2274
Mo–Sa 17–1 Uhr, So 10–1 Uhr
www.lisboa-bar.de
Essen und trinken portugiesisch-international – auch für den Absacker mit Flair.

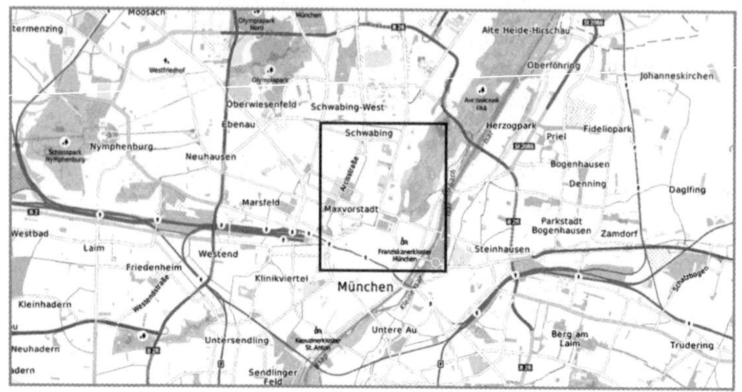

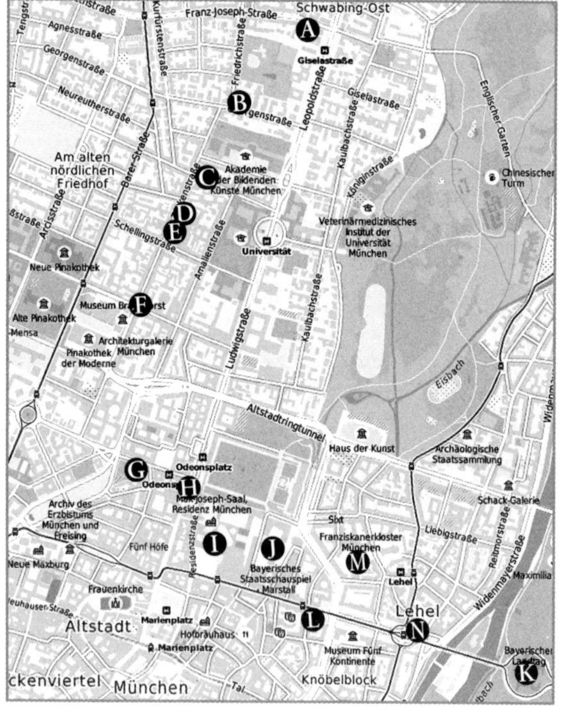

Von der Maxvorstadt ins Lehel

- *A Wohnung Familie Thomas Mann*
- *B Wohnung Familie Lion Feuchtwange*
- *C Wohnung Familie Bertolt Brecht*
- *D Georg-Elser-Platz*
- *E Alter Simpl*
- *F Museum Brandhor*
- *G Café Luitpold*
- *H Café Tambosi*
- *I Max-Joseph-Platz*
- *J Kabinettsgarten*
- *K Maximilianeum*
- *L Wohnung Henrik Ibsen*
- *M Kindheitswohnung Lion Feuchtwange*
- *N Wilhelmsgymnasiu*

München literarisch

Von der Maxvorstadt ins Lehel

Die Wanderung mit Schwerpunkt Literatur beginne ich im Grenzbereich zwischen Schwabing und Maxvorstadt. Während der ehemalige Wohnort der Familie Mann in der Franz-Joseph-Straße 2/3 noch in Schwabing liegt, befindet sich die zweite literarische Adresse – die ehemalige Wohnung von Lion und Marta Feuchtwanger – in der Georgenstraße 24, breits in der Maxvorstadt. In die Franz-Joseph-Straße gelange ich, wenige Schritte von der U-Bahn-Station Giselastraße entfernt, von der Leopoldstraße aus. Aus der U-Bahn-Station ans Licht kommend, empfängt mich aber als Erstes auf der anderen Straßenseite die gigantische Skulptur *Walking Man*, eine 17 Meter hohe Statue des amerikanischen Künstlers Jonathan Borofsky. Die Leopoldstraße, die vom Siegestor im Süden und im Norden noch weit über den Platz Münchner Freiheit hinausführt, ist Schwabings größter Einkaufs- und Flanierboulevard voller Geschäfte, Restaurants und Büro- und Universitätsgebäude.

In der Franz-Joseph-Straße 2-3 lebte von Februar 1905 bis September 1910 Thomas Mann mit seiner Familie. Hier entstanden der Roman *Königliche Hoheit* und viele Erzählungen. Am Gebäude wurden mehrere Gedenktafeln zur Erinnerung

Jugendstilgebäude

an die Familie Mann von dem Künstler Joachim Jung angebracht, die leider im Rahmen eines neuerlichen Umbaus – das ursprüngliche Haus wurde im Zweiten Weltkrieg zerstört – derzeit entfernt wurden. Noch erhaltene literarische Erinnerungstafeln finden sich in der Leopoldstraße, in Richtung Münchner Freiheit, am Haus Nr. 41 – Franziska zu Reventlow und kurz vor der Münchner Freiheit Leopoldstraße 59 – Heinrich Mann.

Ich gehe zurück zur U-Bahn-Station und weiter Richtung Siegestor, nach Süden also, die Leopoldstraße entlang und komme an der Fakultät für Psychologie und Pädagogik und an den Münchner Bouquinisten vorbei. Diese Buchverkäufer mit ihren Tapeziertischen, die sich biegen unter der vielfältigen Auswahl an antiquarischen Büchern, verführen mich immer wieder, ein Buch mitzunehmen. An der nächsten Kreuzung biege ich rechts ab.

Die Georgenstraße durchläuft die Maxvorstadt in Ost-West-Richtung und ist in diesem Abschnitt eine ruhige Wohnstraße mit einigem Altbau- und viel Neubaubestand, wobei ich auf dem Literatur-Spaziergang natürlich auf Georgenstraße 4 hinweisen muss, wo der Piper Verlag residiert. Ein besonderes Haus mit auffälliger Fassade ist das ehemalige Palais Bissing in der Georgenstraße 10: Um den Erker herum reihen sich Porträts von Friedrich Schiller, Michelangelo, Raffael, Sophokles und Haydn. Ich komme nun zum Haus Nr. 24, das an der Ecke Georgenstraße/Friedrichstraße liegt, direkt gegenüber vom Restaurant Georgenhof. Im dritten Stock wohnte hier von 1918 bis 1925 Lion Feuchtwanger mit seiner Frau Marta. Marta Feuchtwanger beschrieb das Arbeiten ihres Mannes: „Von der Küche aus konnte man in die Gärten des Palastes von Prinz Leopold schauen. Da Kohle im Krieg rationiert war und nur ein Raum pro Wohnung geheizt werden konnte, setzte sich Lion zum Schreiben tagsüber in die nahe liegende Staatsbibliothek. Bis weit in die Zwanzigerjahre hinein blieb das sein Arbeitsplatz, dort entstanden seine ersten beiden historischen Romane." Diese Romane waren *Jud Süß* und *Die hässliche Herzogin*, beide Bücher waren sehr erfolgreich und das Ehepaar Feuchtwanger kaufte sich – beunruhigt von den politischen Entwicklungen in München – ein Haus in Berlin.

Die Georgenstraße war aber nicht nur Wohnort der Feuchtwangers, sondern auch von Künstlern wie Paul Klee, Wassily Kandinsky und der Schriftstellerin, Malerin und schillernden Bohemienne Franziska zu Reventlow, die kurze Zeit in den Häusern Georgenstraße 27 und 29 lebte. In der Friedrichstraße gibt es noch einige schöne Jugendstilgebäude, im Haus Nr. 1 lebte Wassily Kandinsky eine Weile, im Haus Nr. 4 Franz Marc, der mit Kandinsky die Künstlergemeinschaft „Der Blaue Reiter" gründete und 1916 bei Verdun fiel. Mein Weg führt mich heute aber nicht in die Friedrichstraße, ich biege links in die hier beginnende Türkenstraße ein, die gerade nach Süden, Richtung Zentrum führt. Bald gelange ich zum Arri-Kino, einem der ältesten Münchner Programmkinos, das aus der Münchner Filmkulturszene nicht wegzudenken ist.

An dieser Stelle zweigt die Akademiestraße von der Türkenstraße ab, die noch einen berühmten Bewohner zu bieten hat: Bertolt Brecht lebte mit seiner Frau Marianne Zoff und mit Tochter Hanne zeitweise in der Akademiestraße 15 – Brecht war ja sehr viel unterwegs –, bevor die Familie 1924 nach Berlin übersiedelte. Brecht pflegte in München enge Kontakte zu Lion Feuchtwanger und zum Münchner Residenztheater, wo die Uraufführung von *Im Dickicht der Städte* im Mai 1923 von den Kritikern gelobt, von Nazis allerdings dermaßen gestört wurde, dass das Stück nach sechs Vorstellungen abgesetzt wurde.

Namensgebend für die Akademiestraße ist die Akademie der Bildenden Künste, eine der ältesten und bedeutendsten Kunstakademien Deutschlands. Neben ihrer Absolventen- und Professorenliste beeindrucken auch die Gebäude: der Altbau sowie der imposante Neubau. Der Altbau wurde von 1876 bis 1884 nach Plänen von Gottfried von Neureuther errichtet, der dreiflügelige Gründerzeitbau wirkt regelrecht palastartig. Der prächtige Eingang in Form einer Empore wird flankiert von zwei Statuen und liegt genau in der Sichtachse der Amalienstraße, die hier an der Akademiestraße endet. Die Akademie der Bildenden Künste ist ein beeindruckendes Beispiel für die gelungene Mischung und Koexistenz von alter und neuer Architektur. Der Neubau der Akademie wurde vom Architekturbüro Coop Himmelb(l)au in postmoderner Formensprache geplant – gemäß dem Leitspruch der Postmoderne „form follows fiction" – gut sichtbar in der gläsernen Fassadengestaltung des Neubaus.

Nach diesem Abstecher gehe ich zurück in die Türkenstraße, der ich auf der linken Seite weiter nach Süden folge. Nach der Überquerung der Adalbertstraße komme ich in den lebendigsten Teil der Türkenstraße mit vielen Lokalen und Geschäften. Da die Ludwig-Maximilians-Universität nur ein kleines Stück entfernt ist, werden die Straßencafés und Restaurants gerne von den Studierenden besucht.

Alter Simpl

Die Türkenstraße versammelt hier vom Vorstadtcafé bis zum Café in der Sammlung Brandhorst mehr als dreißig Cafés und Restaurants und kann sich damit mit der größten Lokaldichte Münchens brüsten. Links öffnet sich die Türkenstraße zum Georg-Elser-Platz – derselbe Georg Elser, an den beim ehemaligen Bürgerbräukeller im Gasteig-Areal eine Gedenktafel erinnert. Hier leuchtet jeden Abend eine ihm gewidmete Wandskulptur auf dem Grundschulgebäude, deren Gelände den Abschluss der Türkenstraße Richtung Schellingstraße bildet, kurz auf – als Erinnerung an die Bombenexplosion, der Hitler und die nationalsozialistische Führungsschicht im November 1939 knapp entkamen.

Gegenüber der Grundschule in der Türkenstraße liegen zwei meiner Lieblingslokale gleich nebeneinander: die Gelateria Adria, tatsächlich geführt von einer italienischen Familie, die mit wunderbarem Eis, perfektem Espresso und hausgemachtem Tiramisu Urlaubsfeeling entstehen lassen. Schon wegen der nostalgischen Inneneinrichtung – Glasspiegel an den Wänden, um den Raum optisch zu vergrößern, und Fliesen mit Jugendstilmotiven – besuche ich dieses Lokal gerne und sitze auch im Sommer, wenn sich draußen am Gehsteig alles drängt, am liebsten drinnen. Einen Wermutstropfen gibt es: Das gemischte Eis mit Sahne wird nicht mehr in den herrlichen alten Sechzigerjahre-Silberbechern serviert. Neben dem Eissalon liegt der Alte Simpl – ein Lokal mit so viel Geschichte, dass an der Hauswand eine Gedenktafel über die wichtigsten Eckpunkte informiert, damit man schon eingestimmt diesen über hundert Jahre alten historischen Treffpunkt der einstigen Schwabinger Boheme betreten kann.

Der Alte Simpl, ursprünglich als Neue Dichtelei von Kathi Kobus 1897 gegründet und 1903 in Simplicissimus umbenannt, ist eines der ältesten noch erhaltenen Münchner Lokale aus der Zeit der Schwabinger Boheme. Es knüpft mit Einrichtung und Ausstattung bewusst an diese große Zeit an; die einstige Atmosphäre spiegelt sich anschaulich in den Bildern an den Wänden wider. Auf den Fotos sind die künstlerischen Größen, von Joachim Ringelnatz über Karl Valentin und Liesl Karlstadt bis Franziska zu Reventlow, zu sehen. Im Gastraum sitzt immer noch – angekettet – die von Thomas Theodor Heine entworfene rote Simplicissimus-Bulldogge. Die dunkle Holzvertäfelung an den Wänden und die langen Tische in der Gaststube entführen in eine andere Zeit. Den Namen übernahm Frau Kobus von der Satire-Zeitung *Simplicissimus*, da deren Verleger Albert Langen genau wie der Dramatiker Frank Wedekind und der Schriftsteller Erich Mühsam Stammgäste waren.

Joachim Ringelnatz dichtete gar ein eigenes Simplicissimus-Lied:

Mitternacht ist's. Längst im Bette
Liegt der Spießer steif und tot.
Ja, dann winkt das traulich nette
Simpel-Glasglüh-Morgenrot.
Und mich zieht's mit Geisterhänden,
Ob ich will, ob nicht, ich muß

Nach den bildgeschmückten Wänden
In den Simplicissimus.

Wo sich zum gemeinen Wohle
Künstler und Bohème trifft,
Wo die Kathi still zur Bowle
Mischt das tödlich-scharfe Gift;
Wo mit Mandolinenklängen
Sich verweht der Weißwurst Dampf
Lausch ich fröhlichen Gesängen
Und dem Mords-Klaviergestampf.

Noch zwei Strophen geht's weiter mit Kunst, Essen und Kathi Kobus – und auch wenn es heute keine Mandolinenklänge, kein Klaviergestampf mehr im Alten Simpl gibt, so ist diese originelle Kneipe auch nach hundert Jahren noch einen Besuch wert.

Ich gelange nun zur Kreuzung Türkenstraße/Schellingstraße. Hier ist links in einem klitzekleinen Häuschen der Bezirksausschuss Maxvorstadt untergebracht. Und da ist es an der Zeit, mit einem Irrtum aufzuräumen: Die Maxvorstadt gehört nicht zu Schwabing, auch wenn der Alte Simpl hier liegt. Natürlich lassen sich Genie und Wahnsinn der Boheme um 1900, die im damaligen „Wahnmoching" als Geisteszustand herrschten, nicht geografisch auf Bezirksgrenzen festlegen. Franziska Gräfin zu Reventlow hat dieser Künstlerszene übrigens in ihrem Roman *Herrn Dames Aufzeichnungen oder Begebenheiten aus einem merkwürdigen Stadtteil* ein lebendiges Denkmal gesetzt – man könnte im Alten Simpl sitzend und in diesem Buch lesend durchaus eine Zeitreise unternehmen.

Das geografische Zentrum von Schwabing befindet sich eigentlich weiter nördlich an der Münchner Freiheit mit den umliegenden Plätzen und Straßen. Ein Münchner Stadtplan von 1807 zeigt, dass sich zwischen München und dem Dorf

Ausstellungsprojekt für den einstigen Kanal

Schwabing noch zahlreiche Felder ausdehnen; die bauliche Entwicklung dieses Gebiets wurde Anfang des neunzehnten Jahrhunderts unter König Maximilian I. Joseph geplant, daher heißt das Viertel seit 1812 Maxvorstadt.

Damit haben wir der historischen Exaktheit wohl Genüge getan, zurück an die Ecke Türkenstraße/Schellingstraße. Neben dem kleinen Häuschen begrenzt eine Mauer den Schulhof der Grundschule Türkenstraße. Diese Mauer beherbergt in Form einer künstlerischen Intervention einen spannenden Teil der Geschichte dieser Straße. Die Schule, deren Garten an die Schellingstraße grenzt, liegt über dem Türkengraben, der 1702 im Auftrag des Kurfürsten Max Emanuel gebaut wurde. Dieser wollte die Münchner Residenz durch einen Kanal mit Schloss Schleißheim verbinden. Der Künstler Joachim Jung hat im Rahmen einer Ausstellung dieses einstige Kanalprojekt ins historische Bewusstsein der Maxvorstadt zurückgeholt; in Form von fünf Tafeln, die in der Mauer an der Schellingstraße eingebaut sind, wird die spannende Ortsgeschichte sichtbar. Joachim Jung erzählt anschließend an den Spaziergang, wie es zu diesem interessanten historisch-künstlerischen Projekt kam.

Die Schellingstraße endet im Osten an der Ludwigstraße – dieses Ende ist von hier aus deutlich sichtbar, weil sich genau dort in der Ludwigstraße das Portal der Ludwigskirche erhebt – und beherbergt zahlreiche Antiquariate und Buchhandlungen – was mit der unmittelbaren Nähe des großen Blocks der Ludwig-Maximilians-Universität zu tun hat –, darunter eines der ältesten Antiquariate des Viertels, das Antiquariat Kitzinger. Hier befindet sich auch die größte englischsprachige Buchhandlung Münchens.

So weit gehe ich aber nicht; am Ende der geschichtsträchtigen Grundschulmauer schaue ich mir noch eins der schönsten Jugendstilhäuser Münchens an, das Haus Schellingstraße 26, dessen Fassadenumbauten und Fassadenschmuck von 1897 bis 1900 von Martin Dülfer geplant wurden, der seinen ganz eigenen Weg fand, Neobarock, Historismus und Jugendstil zu verbinden, und vor allem für Theaterbauten bekannt war – und ist. Zur Schellingstraße gehört auch der berühmte Schelling-Salon, Münchens ältestes Wiener Café-Restaurant, das seit 1872 existiert und in dem man fein Billardspielen kann. Es bietet eine gute und preiswerte Küche an und befindet sich an der Schellingstraße 54, Ecke Barer Straße.

Ich gehe zurück in die Türkenstraße und hier weiter Richtung Zentrum; dabei komme ich am Café Puck vorbei, das mit seiner originellen Speise- und Getränkekarte und einer Kaffeehauseinrichtung lockt, die an Wien erinnert. Berühmt und beliebt ist es vor allem für Frühstück und Brunch – die bis 17 Uhr, sonn- und feiertags überhaupt bis 20 Uhr serviert werden.

An der Ecke Theresienstraße/Türkenstraße beginnt das Münchner Museumsviertel mit dem Museum Brandhorst und den drei Pinakotheken. Am Wohnhaus an der Ecke, das postalisch zur Theresienstraße gehört, erinnert eine Gedenktafel an den Dichter Hans Carossa, der hier von 1914 bis 1929 lebte und – wie sein Berliner Dichterkollege Gottfried Benn und sein älterer Wiener Kollege Arthur Schnitzler – im Brotberuf Arzt war.

Das Museum Brandhorst, das sich als fast hundert Meter langer Block mit seiner bunten Fassade aus Zehntausenden Keramikstäben von der benachbarten weißen Pinakothek der Moderne deutlich abhebt, birgt den schönsten Kunstraum Münchens. Auch wenn man mit Kunst wenig am Hut hat, zahlt sich der Besuch dieses Museums, zumindest des Lepanto-Raums von Cy Twombly, trotzdem aus. Der Saal, in dem sich der zwölfteilige Lepanto-Zyklus befindet, liegt im ersten Stock des Museums und wurde eigens für diesen Zyklus konzipiert und gebaut. Zwölf großformatige Bilder hängen in dem halbrunden Raum. Schon bei meinem ersten Besuch beeindruckten mich die großformatigen Gemälde sofort; die Werke strahlen Kraft aus und geben dem Raum eine eigenartige Aura. Cy Twombly erzählt in seinem Zyklus die Schlacht von Lepanto: 1571 besiegte die Heilige Allianz – ein Zusammenschluss der damaligen christlichen Mächte, vor allem Venezianer, Spanier und Malteser – die osmanische Flotte bei Lepanto, Griechenland. Für mich ist der Saal mit diesen Bildern ein Ort von großer Magie – ganz unabhängig davon, ob man weiß, dass die Striche Boote symbolisieren, das Gelb einen Sonnentag und das Orange die Brände zeigen sollen.

Dem Museum Brandhorst gegenüber in Türkenstraße 28 befand sich einmal die Gastwirtschaft Zum Goldenen Hirschen, in dessen Rückgebäude von 1901 bis 1904 *Die Elf Scharfrichter* auftraten – Deutschlands erstes politisches Kabarett. Daneben, im Haus Nr. 30, wohnte für kurze Zeit der Dramatiker Frank Wedekind, Scharfrichter Nummer vier. Heute ist im Haus Türkenstraße 30 die gut sortierte Architekturbuchhandlung Werner untergebracht und daneben präsentieren einige Galerien wechselnde Ausstellungen.

Gleich nach dem Museum Brandhorst komme ich auf meinem Spaziergang an der Pinakothek der Moderne vorbei; dahinter sieht man die Alte Pinakothek. Und zwischen Museum Brandhorst und der Pinakothek der Moderne steht an der Türkenstraße noch ein kleines Stück Erinnerung an die Türkenkaserne, die sich an dieser Stelle befand: das Türkentor. Für Kunstfreunde ist dieses Museumsareal mit den drei Pinakotheken und der Sammlung Brandhorst jedenfalls reinster Hochgenuss – und am Sonntag ganz besonders, wenn der Eintritt nur jeweils einen Euro beträgt.

An der Ecke Gabelsbergerstraße/Türkenstraße sticht beim Überqueren des Oskar-von-Miller-Rings das auffällige Siemens-Forum ins Auge, geplant in den 1980er-Jahren vom amerikanischen Architekten Richard Meier, sofort erkennbar an seiner halbrunden weißen Fassade. Nach der Kreuzung stößt der Spaziergänger links auf das Bürogebäude-Areal der Bayerischen Landesbank, das bis zur Brienner Straße reicht, wo die Türkenstraße endet.

Die Brienner Straße führt, wähle ich den Weg nach rechts, über den Karolinenplatz mit dem Obelisken zum Königsplatz und damit in das Antike-Zentrum Münchens mit der Glyptothek und der Antikensammlung, außerdem zum Zentrum des Blauen Reiters, dem Lenbachhaus. In der Brienner Straße liegt zwischen Karolinenplatz und Königsplatz aber auch das neu errichtete NS-Dokumentationszentrum, womit München versucht, sich mit der unrühmlichen Rolle, die dieser Platz mit seinen angrenzenden Gebäuden während der Nazizeit gespielt hat, auseinanderzusetzen. Ich könnte am Ende der Türkenstraße auch nach links gehen, hier führt die Brienner Straße zum Odeonsplatz mit Residenz und Hofgarten. Ja, dazu entschließe ich mich, nach links also. Mein Weg führt mich zuerst am Komplex der Bayerischen Landesbank entlang; hier stand von 1848 bis zu seiner Beschädigung im Zweiten Weltkrieg – der Abbruch erfolgte allerdings erst in den Sechzigerjahren – das Wittelsbacher Palais, in dem 1919 die Münchner Räterepublik beschlossen wurde. Ab 1933 war das Backsteingebäude Hauptquartier der Gestapo; eine Gedenktafel erinnert an die bewegte Geschichte des verschwundenen Gebäudes. An der

Ecke Brienner Straße/Oskar-von-Miller-Ring stehe ich schon am Beginn der Altstadt: Massiv erhebt sich der Luitpoldblock, im Hintergrund ragen die Türme der Frauenkirche hoch auf, und es leuchtet das Grün des hier vom Platz der Opfer des Nationalsozialismus begrenzten Maximiliansparks, an dessen anderem Ende der imposante Wittelsbacherbrunnen steht, den wir ja schon kennengelernt haben.

Ich gehe am Luitpoldblock mit seinem berühmten Café Luitpold vorbei, in dem einst Stefan George, Frank Wedekind, Klaus Mann und andere Größen der Münchner Kultur verkehrten. Schade, dass sich die Besitzer des Luitpoldblocks bisher nicht dazu entschließen konnten, den ehemaligen imposanten Kaffeehaussaal zu rekonstruieren! Durch die sehr begrenzte Raumhöhe des jetzigen Café Luitpold gehen doch Flair und Schönheit des einstigen Gründerzeit-Prachtbauwerks ein Stück weit verloren. Die Restaurantfläche im überdachten Innenhof kann diesen Mangel nur bedingt ausgleichen, obwohl hier wenigstens mehr Licht und Luft geboten werden.

Weitergehend passiere ich links den Wittelsbacherplatz, wo in einem ehemaligen Palais heute die Siemens-Generaldirektion untergebracht ist. Ein Blickfang mitten auf diesem Platz ist das Denkmal für Maximilian I. (1573–1651), Herzog von Bayern und Kurfürst des Heiligen Römischen Reiches. Und dann endet die Brienner Straße am Odeonsplatz.

Nach Norden führt die Ludwigstraße mit der Bayerischen Staatsbibliothek, der gut sichtbaren Ludwigskirche, vielen ehemaligen Palaisgebäuden, in denen heute teilweise Ministerien residieren, mit der Ludwig-Maximilians-Universität und dem Siegesdenkmal, das die Maxvorstadt von Schwabing abgrenzt. An schönen Tagen sind hinter dem Siegestor die Spitzen der Highlight-Towers – die weit außerhalb des Zentrums stehen – mit ihren über hundert Metern Höhe erkennbar. Die Ludwigstraße wurde genau wie die Brienner Straße bewusst als

Prachtstraße angelegt. Während aber die markanten Bauten der Ludwigstraße dank der geraden Straßenführung gut sichtbar sind, verhindert in der Brienner Straße eine Biegung den Blick auf den Karolinenplatz mit Obelisken und den anschließenden Königsplatz. Am Odeonsplatz residiert das Bayerische Innenministerium, vor dem ein imposantes Reiterdenkmal des Namensgebers der Ludwigstraße, König Ludwig I. (1786–1868), steht. An der Ostseite des Odeonsplatzes entlang erstreckt sich das von Leo von Klenze 1825–1826 errichtete Bazargebäude, auf dem heute in goldenen Lettern Firmen- und Markennamen prangen. Hier ist das Café Tambosi beheimatet. Dieses Café ist benannt nach Luigi Tambosi, der die Kaffeehaustradition, die hier am Hofgarten schon seit 1774 besteht, im Bazargebäude fortführte und ein feines Hofcafé führte, das bis 1868 im Besitz der Familie Tambosi blieb. Sogar der Wiener Dramatiker Ferdinand Raimund rühmte den „Café famosi beim Tambosi". Die Hofgartenarkaden jedoch sind dank T. S. Eliot überzeitlich unsterblich und in den internationalen Parnass eingegangen: Sie werden in Eliots berühmtem Gedichtband *Waste Land* gleich auf der ersten Seite erwähnt: „Summer surprised us, coming over the Starnbergersee / With a shower of rain; we stopped in the colonnade, / And went on in sunlight, into the Hofgarten, / And drank coffee, and talked for an hour." Zwischen Residenz und Theatinerkirche liegt der Bereich des Odeonsplatzes, der den Fußgängern vorbehalten ist. Am Südende des Platzes steht die Feldherrnhalle samt Löwen und Feldherren-Denkmälern. Die Titulierung Feldherrnhalle ist etwas irreführend, da hier keine Halle, sondern als Erinnerungsort ein hoher, offener Raum für Denkmäler geschaffen wurde. Lion Feuchtwanger lässt in seinem Roman *Erfolg* Herrn Hessreiter, einen der Protagonisten, über die Feldherrnhalle sinnieren: „Herr Hessreiter war jetzt auf den Odeonsplatz gelangt. Vor ihm hob sich die Feldherrnhalle, eine Nachbildung der Florentiner Loggia dei Lanzi, errichtet den beiden

Das Tambosi

größten bayerischen Feldherren, Tilly und Wrede, von denen der eine kein Bayer und der andere kein Feldherr war. Herrn Hessreiter, sooft er die Feldherrnhalle sah, gab es einen kleinen Stich. Er erinnerte sich, welche Freude er als ganz junger Mensch gehabt hatte an dem schönen Bauwerk, das der Architekt Gärtner mit sicherem Takt als Abschluß der Ludwigstraße hingesetzt hatte. Aber schon als Knabe hatte er erleben müssen, daß man auf die Treppenwangen zwei schreitende Löwen setzte, die strenge, vertikale Wirkung des Bauwerks zerstörend. Später dann hatten die Hammel die Rückwand der Halle mit einer blöden, akademischen Aktgruppe verhunzt, dem sogenannten Armeedenkmal."

Ich betrete nun durch das Tor neben der Residenz den Hofgarten. Dieser wird umrahmt von Arkaden, vom Bazarhaus, vom Theatermuseum, von der Staatskanzlei und der Residenz, an der ich nun entlanggehe. Die Residenz, die vom Odeonsplatz und vom Hofgarten bis zum Max-Joseph-Platz reicht, ist vor allem für Geschichtssüchtige immer einen Besuch wert. An dieser Stelle wurde schon im vierzehnten Jahrhundert eine „Veste" errichtet, Renaissance, Barock, Rokoko und Klassizismus hinterließen durch die Jahrhunderte ebenfalls ihre Spuren wie natürlich die Kriege, die München heimsuchten. Im Zweiten Weltkrieg wurde die Residenz schwer getroffen, das Dach war fast vollständig zerstört; Renovierung und Restaurierung dauern bis heute an.

Am Ende der Residenz biege ich gleich rechts in die schmale Alfred-Goppel-Straße ein, wo sich – beim Hintereingang zur Residenz – ein kleiner Platz mit dem Kronprinz-Rupprecht-Brunnen öffnet, zu dem man ein paar Stufen hinaufsteigen muss. Rechts an diesem Platz befindet sich die Bayerische Akademie der Wissenschaften, links das Spanische Kulturinstitut, Instituto Cervantes. Zwischen dem Instituto Cervantes und dem dahinterliegenden Cuvilliéstheater gehe ich hindurch und betrete durch ein Tor in der Mauer auf der rechten Seite den kleinsten öffentlich zugänglichen Garten der Münchner Altstadt, den Kabinettsgarten. Dieser kleine Ziergarten mit Brunnen und Blumen lädt mit seinen Bänken zum Rasten mitten im Zentrum ein. Gleich neben dem Gärtchen erhebt sich unübersehbar die Allerheiligen-Hofkirche – die die Hofkirche der Wittelsbacher war, allerdings schon lange nicht mehr als Kirche genutzt wird. Sie ist völlig ausgeräumt

Kabinettsgarten

Residenz

und dient heute als Ort für musikalische Veranstaltungen, denen der große, leere, klare Raum beste Voraussetzungen für gelungene Klangerlebnisse bietet. Nachdem ich eine Weile im Kabinettsgarten müßig war, geschaut, gelauscht und nachgedacht habe, gehe ich zurück zur Alfred-Goppel-Straße, überquere sie und gelange zum Marstallplatz. Hier steht der namensgebende Marstall, die ehemalige Hofreitschule, die heute für Theaterveranstaltungen des Residenztheaters genutzt wird. In einer Ecke des Platzes liegt das Restaurant Brenner Grill, das mit seinen hohen Räumen und den Säulen besonders reizvoll ist.

Die Alfons-Goppel-Straße endet nun, und zwar an der Maximilianstraße, die als Prachtstraße von König Maximilian II. gewünscht wurde, was der Architekt Friedrich Bürklein umsetzte. Sie beginnt in der Altstadt am Max-Joseph-Platz und endet an der Isar bei der Maximiliansbrücke mit dem Maximilianeum als Abschluss. Um die Schönheit der Maximilianstraße gebührend spüren zu können, begibt man sich am besten an ihren Anfang, zum Max-Joseph-Platz, und stellt sich in die Mitte der Perusastraße, die zum Glück Fußgängerzone ist. Hier hat man nicht nur einen guten Blick auf den

Maximilianstraße

Max-Joseph-Platz mit dem Denkmal für König Max I. Joseph (1756–1825) in der Mitte, dem Residenztheater und dem Nationaltheater, hier kann man darüber hinaus die Maximilianstraße in ihrer ganzen Schönheit würdigen: die einheitlich gestalteten Fassaden, das harmonische Gesamtbild, das Maxmonument und als krönenden Abschluss das Maximilianeum hoch über der Isar. Für mich ist die Maximilianstraße in ihrer Gesamtgestaltung die schönste Straße der Welt. Die Ansammlung von teuren Modeboutiquen und Schmuckgeschäften, die es hier natürlich auch gibt, mag in jeder Weltstadt ähnlich sein, aber der architektonische Gesamteindruck dieser historischen Prachtstraße ist beglückend; weder die Champs-Élysées noch die Wiener Ringstraße, die ja leider zu mehrspurigen Autostraßen mit Gehsteigbegleitung verkommen sind, können da mithalten. Als kleinen Minuspunkt muss man anmerken, dass die Gehwege zu schmal geraten sind für die vielen Menschen, die sich hier tummeln.

Ich gehe nun die Maximilianstraße entlang Richtung Maximilianeum. Dort, wo rechts die Straße Am Kosttor abzweigt, kann man einen Blick auf das Platzl mit dem Hofbräuhaus riskieren – falls zwischen den Menschenmassen etwas zu entdecken ist. Das Hotel Vier Jahreszeiten, das 1858 eröffnet wurde, in dem schon Kaiserin Sisi, Elizabeth Taylor und Michael Jackson nächtigten, liegt natürlich auch in dieser Prunkstraße. Auf der rechten Seite folgen die Münchner Kammerspiele, das schönste Jugendstil-Schauspielhaus Deutschlands, 1900/01 erbaut. Nach Überquerung der Herzog-Rudolf-Straße kann ich, bevor ich auf den Altstadtring stoße, noch etwas zur Literatur während dieses literarischen Spaziergangs beitragen: Rechts auf der gegenüberliegenden Straßenseite hat die Stadt München eine Gedenktafel angebracht, hoch über dem Eingang des Armani-Ladens, sodass sie leicht übersehen wird. Der Dramatiker Henrik Ibsen lebte und arbeitete von 1885 bis 1891 hier, im Hemmeterhaus, Maximilianstraße 32. Der Norweger schrieb in München *Die Stützen der Gesellschaft, Nora oder ein Puppenheim, Rosmersholm, Die Frau vom Meer und Hedda Gabler*, viele seiner Stücke erlebten zudem in München ihre deutsche Erstaufführung.

Ich bin nun mittlerweile am Karl-Scharnagl-Ring angelangt, einem Abschnitt des Altstadtrings, der hier die Altstadt teilt und den Beginn des Stadtviertels Lehel markiert. Das Lehel, das zwischen der Altstadt und der Isar liegt, war früher als Isarüberschwemmungsgebiet von Bächen und Kanälen durchzogen; an der Ludwigsbrücke gab es einen großen Floßhafen. Das Holz wurde teilweise durch einen Kanal, den Triftkanal, zur Residenz geleitet, woran die Triftstraße bis heute erinnert. Von den ehemaligen Herbergshäusern, kleinen Gewerbetreibenden und Flößern ist heute nichts mehr übrig geblieben, da um 1900 wohlhabendere Bürger mit ihren großen Bürgerhäusern das Lehel eroberten. Eingeklemmt zwischen den beiden Museums- und Prachtstraßen Prinzregentenstraße und Maximilianstraße ist das Lehel heute eines der teuersten Stadtviertel von München.

Jenseits des Altstadtrings weitet sich die Maximilianstraße und man kann unter Bäumen am Gebäude der Regierung von

Oberbayern entlangschlendern; gegenüber liegt das Museum Fünf Kontinente. Hier ist angenehmes Flanieren zu zweit möglich, auch für Entgegenkommende ist genug Platz auf dem breiten Trottoir, keiner muss ausweichen, entspannt geht man seiner Wege. Mitten in der Straße erhebt sich auf einer Verkehrsinsel das riesige Maxmonument, das für Maximilian II. nach seinem überraschenden Tod 1864 errichtet wurde.

Ich betrachte den König aber inzwischen nur aus der Distanz und widme mich noch anderen Denkmälern – vor der Regierung von Oberbayern wird an wichtige militärische Staatsmänner erinnert: Hier stehen die Bronzestatuen von Graf von Deroy, einem General aus der Zeit der napoleonischen Kriege, und von Benjamin Thompson, Graf von Rumford, der General, Physiker und Reformer war und beispielsweise die Rumford-Suppe erfand. Gegenüber, vor dem Museum Fünf Kontinente, werden eher die geistigen Größen geehrt. Hier stehen die Bronzestatuen von Joseph von Fraunhofer, einem großen Naturwissenschaftler, nach dem die Fraunhofergesellschaft benannt ist, und die Statue des Philosophen Friedrich Wilhelm Joseph Schelling, der unter anderem in München lehrte.

Im Regierungsgebäude von Oberbayern gibt es einen Durchgang; hier beginnt die St.-Anna-Straße, die ich noch erkunden möchte. Vorbei an kleineren Stadthäusern und am Hotel Opera mit seiner eigenwilligen, sehr sehenswerten Fassade, an einigen Lokalen und kleinen Geschäften schlendere ich gemächlich und stoße auf die große neuromanische katholische Pfarrkirche St. Anna im Lehel, die 1887–1892 von Gabriel von Seidl erbaut wurde. Gegenüber der Kirche – etwas unscheinbar, da ohne Kirchturm – befindet sich im Kloster St. Anna die von Johann Michael Fischer 1737 vollendete Klosterkirche St. Anna im Lehel. Diese Kirche mit ihrem ovalen Raum und der großartigen Ausstattung durch die Asam-Brüder ist in meinen Augen in ihrer Gesamtkomposition aus Form, Größe, Licht und fein ausgestatteten Nebenaltären der

St.-Anna-Klosterkirche

schönste Kirchenraum Münchens. Wer noch größere Pracht liebt, der muss natürlich die Asamkirche in der Sendlinger Straße besuchen, deren Innenraum die Brüder Asam noch prunkvoller verziert haben.

Aus der kleinen, wunderschönen Klosterkirche kommend, gehe ich vorbei an der platzdominierenden neuromanischen Kirche Richtung St.-Anna-Platz 2. Hier verbrachte Lion Feuchtwanger seine Kindheit, woran auch eine Gedenktafel erinnert. Der St.-Anna-Platz endet an der Triftstraße, in die ich rechts einbiege und die wiederum am Thierschplatz endet. Hier gibt es die U-Bahn-Station Lehel, auch mit der Straßenbahn könnte man sich nun weiterbewegen, sollte sich der Spaziergang schon bemerkbar machen. Ich jedenfalls folge der Thierschstraße bis zum Maxmonument. An der Mündung der Thierschstraße sozusagen gibt es rechter Hand das GOP Varieté-Theater, das ein Ableger des traditionsreichen Mutterhauses in Hannover ist. Der große Neorenaissancebau links beherbergt das Wilhelmsgymnasium. Über dem Eingang in der Thierschstraße prangt noch ein „K." vor der Schulbezeichnung, was daran erinnert, dass die heute staatliche Schule einst ein königliches Gymnasium war. Das Gymnasium ist aber viel älter als das

Königreich Bayern, es ist über 450 Jahre alt und damit das älteste noch erhaltene Gymnasium in München. 1559 wurde es als Jesuitengymnasium gegründet, 1849 nach Herzog Wilhelm V. benannt. Im Lehel, an diesem Standort, befindet sich das Gymnasium allerdings erst seit etwas über hundert Jahren; das Schulgebäude wurde von Karl Leimbach geplant und von 1875 bis 1877 erbaut. Hier machte nicht nur Lion Feuchtwanger sein Abitur; zahlreiche bekannte Münchner Persönlichkeiten von Carl Spitzweg, Ludwig Thoma und Ödon von Horvath über Klaus und Golo Mann bis zu Konstantin Wecker gingen hier als Schüler ein und aus, Letzterer hat uns ja schon von seinen Erlebnissen im Wilhelmsgymnasium berichtet.

Am Maxmonument steige ich auf die Stufen, schaue noch einmal in Richtung Max-Joseph-Platz, dann zum Maximilianeum und genieße die Schönheit dieses Ensembles. Das Maxmonument, 1875 aus Bronze errichtet, beeindruckt mit seiner Höhe von über zehn Metern. Auf dem Sockel steht majestätisch Maximilian II., König von Bayern, und blickt nach Westen zur Altstadt. Auf Stufen unter ihm sitzen vier Bronzefiguren, die Friedensliebe, Stärke, Gerechtigkeit und Weisheit, des Königs Tugenden, symbolisieren sollen. Im Süden ist von hier aus auch die große Kuppel der evangelischen Kirche St. Lukas deutlich sichtbar. Die Lukas-Kirche ist die größte evangelische Kirche Münchens und veranstaltet auch spannende Musikabende. Hier am Maxmonument und einer Haltestelle der Trambahn 19 und 21, mit der man entweder durch die Altstadt oder nach Haidhausen und zum Ostbahnhof fahren kann, endet mein literarischer Spaziergang.

Zum Besuchen

Lepanto-Raum im Museum Brandhorst

Museum Brandhorst
Theresienstraße 35a, +49 (0)89 23805-2286
Di–So 10–18 Uhr, Do 10–20 Uhr
www.museum-brandhorst.de
Cy Twomblys Lepanto-Raum befindet sich im ersten Stock des Museum Brandhorst; zudem sind hier auch Werke von Damien Hirst, Andy Warhol und anderen bedeutenden Zeitgenossen zu sehen.

Kabinettsgarten

Hinter der Alfred-Goppel-Straße 7
25.3.–16.10. 9–18 Uhr, 17.10.–24.3. 10–17 Uhr
www.residenz-muenchen.de/deutsch/hoefe/index.htm
Der Kabinettsgarten erinnert mit seiner Einfachheit, Klarheit und Schönheit an japanische Zengärten. Diese Ruheoase gleich neben der Oper ist einmalig und für alle die Gartenkunst lieben ein Muss.

St.-Anna-Klosterkirche

Sankt-Anna-Platz 21
Die Klosterkirche wird von den Franziskanerbrüdern als Hauskirche und geistlicher Mittelpunkt genützt, daher finden hier täglich Messen statt und man sollte mit touristischen Besuchen natürlich nicht stören.

Zum Genießen

Gelateria Adria

Türkenstr. 59, +49 (0)89 27 24 190
tgl. 10 bis ca. 24 Uhr
Ein klassischer italienischer Eissalon, mit seinem Retrocharme der Siebzigerjahre schon wieder in, mit sehr gutem Eis. Immer einen Umweg wert, wenn man in der Nähe ist.

Alter Simpl

Türkenstraße 57, +49 (0)89 27 23 083
tgl. 11–3 Uhr, Küche durchgehend bis 2 Uhr
www.eggerlokale.de/restaurant-alter-simpl-muenchen.html
Über hundert Jahre Lokalgeschichte und immer noch eines der besten Kalbsschnitzel der Stadt, auch zur Überbrückung der sehr frühen Morgenstunden bis drei Uhr zu empfehlen.

Schelling-Salon

Schellingstraße 54, + 49 (0)892720788
Mo 10–0.30, Do–Sa 10–1 Uhr, So 10–24 Uhr, betriebsbedingt kürzere Öffnungszeiten (ca. 30 Minuten) möglich.
Di und Mi geschlossen.
www.schelling-salon.de

Café Puck

Türkenstraße 33, +49 (0)89 280 22 80
tgl. 9–1 Uhr
www.cafepuck.de
Ein Café, das mit Wiener Kaffeehäusern sehr gut mithalten kann. Vom Kaffee über die Frühstücke bis zu guten Mittagsangeboten wird hier Feines geboten.

Brenner

Maximilianstraße 15, +49 (0)89 45 22 880
Mo–Do 8.30–1 Uhr, Fr/Sa 8.30–2 Uhr, So/Feiertag 9.30–1 Uhr
www.brennergrill.de/
Für den schnellen Cappuccino und einen zip of wine gibt es den vorderen Raum und die Bar. Im größeren, hinteren Teil ist das Restaurant untergebracht, das hochpreisig mit schneller Bedienung sehr gute Speisen von vegan bis Gegrilltem serviert. Wer hohe Räume liebt, ist hier bestens aufgehoben.

Von Kanälen, Gondeln und Türken – ein Gespräch mit Joachim Jung

Ich sitze mit dem Maler Joachim Jung in der Eisdiele Adria in der Türkenstraße bei Cappuccino und Tiramisu. Wir haben eben einen Spaziergang durch das Viertel gemacht; Joachim Jung hat mir in den Hinterhöfen Mauerverläufe gezeigt, die an den einstigen Schwabinger Kanal – auch Türkengraben genannt – erinnern, der von der Residenz bis zur Georgenschwaige führte und dort in den Nymphenburg-Biedersteiner Kanal mündete. Die heutige Türkenstraße/Amalienstraße hat nicht exakt denselben Verlauf wie der einstige Kanal; aber alte Mauern, die sich nicht im rechten Winkel zur heutigen Türkenstraße befinden, weisen auf seinen ehemaligen Verlauf hin. Joachim hat erzählt, das Kanalprojekt sei eine Idee von Kurfürst Maximilian II. gewesen. Kurfürst Maximilian II. Emanuel (1679–1726) wollte seine Schlösser Nymphenburg und Schleißheim und die Residenz mit Wasserstraßen verbinden und ließ um 1700 von seinen Soldaten und von Taglöhnern Kanäle ausheben. Der Kanal von der Residenz wurde nur bis zur Georgenschwaige gebaut, die Fortsetzung als nouveau canal de Schleißheim aufgrund des Spanischen Erbfolgekrieges nicht umgesetzt – die Kurfürsten wurden aus Bayern vertrieben, der Kanal 1811 aufgelassen. Der Name Türkengraben, der daran erinnern sollte,

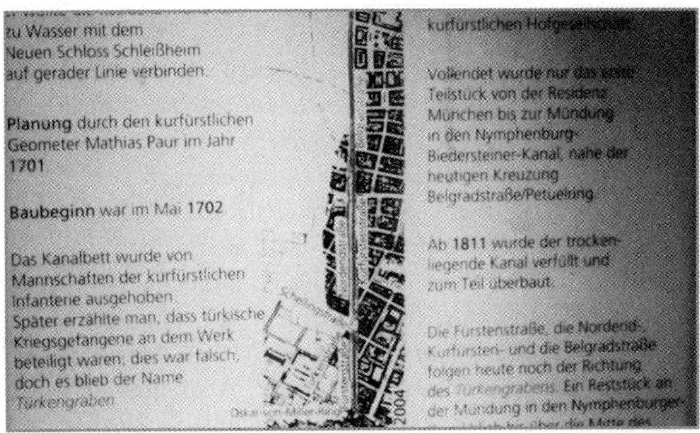

Schautafel

dass türkische Kriegsgefangene den Graben ausgehoben haben, ist irreführend, da diese beim Bau des Kanals 1701–1704 schon gar nicht mehr in München waren. Abgeschlossen haben wir die Kanalspurensuche bei den von Joachim Jung angefertigten Türkengrabenfenstern. Sie befinden sich in der Mauer des Schulhofs der Grundschule Türkenstraße – allerdings nicht an der Türkenstraße, sondern um die Ecke im Mauerteil der Schellingstraße.

Wie es zu diesen Fenstern kam, möchte ich jetzt aber genauer wissen; Joachim nimmt einen Schluck Kaffee, setzt die Tasse ab und erzählt: „Als bleibende Erinnerung an das Türkengrabenprojekt im Rahmen der Bundesgartenschau 2005 konnte ich diese fünf künstlerischen Erinnerungsbilder – Erinnerungsfenster, die gleichzeitig die Geschichte des einstigen Kanals erzählen – installieren. Und das Türkengrabenprojekt war Teil des Rahmenprogramms der Bundesgartenschau, die eben 2005 in München stattfand. Gemeinsam mit dem Stadtplaner Uli Lamey, den Bezirksausschüssen und dem Verein Dachauer Moos wollten wir das ehemalige, an die 50 Kilometer lange barocke Kanalnetz, das im siebzehnten Jahrhundert die verschiedenen Wittelsbacher Schlösser verband –

also Nymphenburg, Schleißheim, Dachau und die Residenz –, sichtbar machen. Dazu haben wir entlang der Kanäle 500 blaue, zweieinhalb Meter hohe hölzerne Stangen aufgestellt. Und entlang der ehemaligen Strecke des Kanals vom Oskar-von-Miller-Ring über den Kurfürstenplatz, die Belgradstraße bis zum Petuelpark stellten wir große Bautafeln auf."

Ein beeindruckendes Projekt! Da fällt mir ein, dass bei den Türkenstraßenfenstern die Bilder nicht einfach an der Mauer angebracht sind, sondern schräg in der Mauer stehen. Joachim nickt: „Ja, das hab ich bewusst gemacht: Wenn man vor einem Fenster steht, blickt man in die Richtung des ehemaligen Kanalverlaufs, der hier die Türkenstraße kreuzt. Ein Fenster zeigt auch angedeutet die Türkenschule über dem Kanal. Ein weiteres Fenster zeigt den Plan des ganzen barocken Kanalsystems mit verschiedenen Gondeln: Gondeln, die an die Lustfahrten, aber auch an die Lastfahrten erinnern, da die Kanäle ebenfalls als Transportwege für den Bau der Schlösser verwendet wurden. Ich habe auch ein Foto mit einem Reststück des Kanals, das es um 1920 noch bei der Georgenschwaige gab, gefunden. Das habe ich leicht bearbeitet und als Hommage an die Idee, einen Kanal bis nach Schleißheim zu bauen, eingesetzt."

Joachim Jung hat schon andere Projekte, in denen sich Kunst und Geschichte überschneiden, realisiert, und besonders diese Glastafeln erinnern mich etwa an die Thomas-Mann-Erinnerungstafeln. „Ja", ergänzt Joachim, „das Arbeiten mit Glastafeln in unterschiedlichen Formen, mit Texten und Bildern sind ein spannender Teil meines Werks geworden. Beim Projekt Türkengraben, das anfangs ja temporär angelegt war, freut mich die bleibende Installation der Türkengrabenfenster besonders."

Glastafeln von Joachim Jung

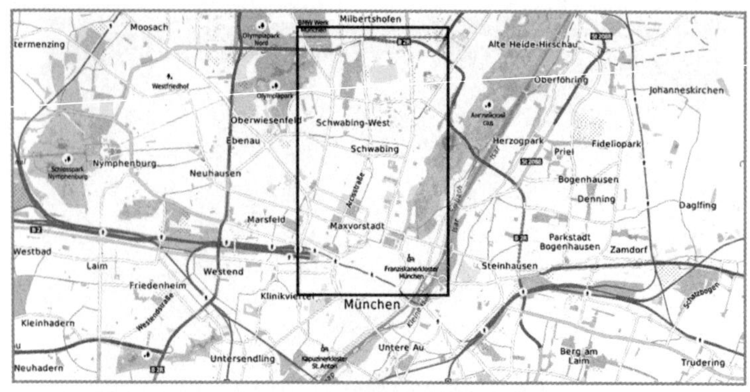

Von Altschwabing über den schönsten Architekturraum Münchens zum Sendlinger Tor

A	*Ostbahnhof*	*E*	*St.-Sylvester-Kirche*	*I*	*BMW-Welt*
B	*Prinzregentenplatz*	*F*	*TamS-Theater*	*J*	*Elisabethplatz*
C	*Englischer Garten*	*G*	*Café Münchner Freiheit*	*K*	*Stachus*
D	*Seidlvilla*	*H*	*Petuelpark*		

Münchner Freiheit

Von Altschwabing über den schönsten Architekturraum Münchens zum Sendlinger Tor

Für diesen Spaziergang, der uns weit in den Münchner Norden und wieder zurück ins Zentrum führt, benutzen wir Bus und Tram. Der Bus fährt am Ostbahnhof los, an einem zentralen Verkehrsknotenpunkt der Stadt, wo sich S-Bahn, U-Bahn, Busse und Tram – repräsentativ sozusagen für das öffentliche Netz Münchens – kreuzen. Ich nehme den Bus 54 Richtung Münchner Freiheit. Der 54er-Bus durchquert die Stadt in nordwestlicher Richtung und fährt über Bogenhausen und den Englischen Garten bis zur Münchner Freiheit. Die Fahrt bis zur Thiemestraße, wo ich aussteigen werde, dauert etwa zwanzig Minuten; in dieser Zeit betrachte ich in aller Ruhe Straßenzüge mit allen möglichen Hausfassaden und Gebäudetypen. Nach den Bahnhofsanlagen biegt der Bus am Haidenauplatz links ab und fährt dann durch das Steinhauser Gewerbegebiet die Grillparzerstraße entlang zum Prinzregentenplatz. Hier liegt links das markante Prinzregententheater, das 1901/02 von Max Littmann in eigenwilligem Stil mit Jugendstilanklängen errichtet wurde, wobei er sich am Bayreuther Festspielhaus orientierte, und das heute die Ausbildungsstätte der Theaterakademie August Everding ist.

Ostbahnhof

Vom Prinzregentenplatz fährt der Bus durch Bogenhausen, ein Bürgerhaus- und Villenviertel. Am Herkomerplatz beginnt der Neubaubereich von Bogenhausen mit Hochhäusern und Reihenhausanlagen. Auf dem oder eigentlich: über dem Effnerplatz steht eine 52 Meter hohe Skulptur der Künstlerin Rita McBride mit dem Titel *Mae West*. Ein Gitter aus Stäben formt einen Zylinder mit schlanker Taille – daher der Name –, unter dem die Straßenbahn hindurchfährt. Hier am Isarhochufer hat man einen reizvollen Blick auf die Stadt, vor allem auf den Englischen Garten. Der Bus fährt die Montgelasstraße abwärts Richtung Isar. Nach der Isarüberquerung über die Max-Joseph-Brücke macht der Bus einen Abstecher zum Tucherpark und fährt dann über die Haltestelle Chinesischer Turm weiter zur Thiemestraße, wo ich aussteige.

Wer übrigens den Englischen Garten zu Fuß erkunden will, kann vom Chinesischen Turm aus – einem Holzbau, der an eine chinesische Pagode erinnert – seine Wanderung starten. Von der Haltstelle Thiemestraße aus spaziere ich vorbei am Gebäude der Münchner Rückversicherung, gleich danach sieht man links über eine Grünfläche hinweg in der Parallelstraße ein beeindruckendes Jugendstilhaus mit Erkern und reicher Stuckverzierung, das 1904 von Martin Dülfer erbaut wurde – den wir in der Schellingstraße ja schon kennengelernt haben. An der Ecke Thiemestraße/Kaulbachstraße beginnt – als Verlängerung der Thiemestraße – die Martiusstraße, in der sich etliche schöne Jugendstilwohnbauten befinden, zum Beispiel Haus Nr. 4 mit seinen Erkern, Balkonen und seiner reich verzierten, aber keineswegs überladenen Fassade, das von Anton Hatzl erbaut wurde. Wer mag, schaue sich um; ich gehe zurück in die Kaulbachstraße. Die Kaulbachstraße beherbergte einst im südlichen Teil in Nummer 63 die berühmte Schwabinger Wohngemeinschaft der Gräfin und Boheme-Ikone Franziska zu Reventlow, das Haus steht allerdings nicht mehr. Ich gehe ohnehin nach Norden und biege, als die Kaulbachstraße endet, links ab und komme so zum Nikolaiplatz mit seinen gediegenen, harmonisch und irgendwie selbstsicher wirkenden Bürgerhäusern. Am Nikolaiplatz befindet sich auch ein kleiner Brunnen, der Fischerbrunnen, der daran erinnern soll, dass Schwabing einst ein Fischerdorf war. Auf der östlichen Seite des Platzes fällt die Seidlvilla ins Auge. Sie wurde um 1905 von Emanuel von Seidl für die Familie Lautenbacher – deren Reichtum aus dem Brauereigeschäft stammte – errichtet und hieß deshalb ursprünglich Villa Lautenbacher. Das herrschaftliche Haus mit großem Garten und Nebengebäuden kann man sich heute vom Nikolaiplatz schlicht nicht wegdenken, in den 1970er-Jahren allerdings drohte der Abriss; erst 1975 wurde das Haus unter Denkmalschutz gestellt. Eine Bürgerinitiative kämpfte jahrelang um das Anwesen und erreichte schließlich, dass das Schwabinger Stadtteilzentrum hier eingerichtet wurde. Die Seidlvilla wird jetzt von Vereinen und Initiativen genutzt, die zahlreiche Vorträge, Lesungen, Theateraufführungen und Ausstellungen organisieren, und verkörpert quasi gelebte Stadtteilkultur. Nahe der Seidlvilla beginnt die Werneckstraße, der ich nach Norden folge. Auf der rechten Seite, unter Bäumen und immer wieder durch Zäune spähend, gehe ich fast bis zur Ecke Feilitzschstraße/Werneckstraße. Am Ende der Werneckstraße liegt auf der rechten Seite – ein wenig verborgen hinter Bäumen – das Suresnes-Schlössl (Werneck-Schlösschen), das am Anfang des achtzehnten Jahrhunderts vermutlich von Johann Baptist Gunetzrhainer erbaut wurde. Es war ursprünglich das Lustschlösschen für den Kabinettssekretär des Kurfürsten Max Emanuel, für Franz Xaver Ignaz von Wilhelm. Das Schlössl wurde mehrmals restauriert, war Ende des neunzehnten Jahrhunderts bei Künstlern sehr beliebt und diente dem Schriftsteller Ernst Toller als Fluchtort; hier wurde er nach der Niederschlagung der Münchner Räterepublik verhaftet. Dann war das Schlössl zehn Jahre Hauptwohnsitz der jüdischen Familie Weiss, die auch Mitbesitzer war, und wurde 1936 beschlagnahmt (arisiert) und zwangsversteigert. Das Erzbistum München und Freising erwarb das Anwesen, heute befindet es sich im Besitz der Katholischen Akademie.

An der Ecke Feilitzschstraße/Werneckstraße befindet sich dem Schlosspark gegenüber die alteingesessene Galerie Roucka, die Bilder, Poster und Rahmen verkauft – für jedes freie Stück Wand findet man hier den passenden Schmuck. Gleich links liegt an der Ecke zur Occamstraße der kleine Wedekindplatz mit dem Wedekindbrunnen, der 1959 von Ferdinand Filler gestaltet wurde und an den großen Münchner Dramatiker erinnert; die Brunnenfigur ist natürlich eine Muse. Auf dem Wedekindplatz steht eine ganz besondere Straßenlaterne – die windschiefe Schwabinger Laterne, die einst in einem Nachtclub stand und Schwabings wilde Vergangenheit symbolisiert. Nachdem ich – vor allem zu Ehren Frank Wedekinds – den Platz kurz besucht habe, drehe ich wieder um und spaziere die Feilitzschstraße entlang in Richtung Englischer Garten, vorbei an Restaurants und Geschäften zum alten Zentrum des einstigen Dorfes Schwabing. Der Name Schwabing kommt – leicht zu entschlüsseln – von Schwabe und taucht

TamS – Theater am Sozialamt

erstmals 782 als „Suuapinga“ auf, also „Siedlung eines Swapo, eines Schwaben“. Wer hätte damals gedacht, dass daraus der berühmteste Stadtteil Münchens werden würde.

An der Ecke Gunezrainerstraße/Feilitzschstraße befindet sich die Birreria e Trattoria Seerose. Die Seerose ist ein traditionsreiches Lokal, das schon lange existiert, aber öfters den Besitzer gewechselt hat. Eine Gedenktafel erinnert daran, dass Thomas Mann von 1899 bis 1902 hier wohnte und die Buddenbrooks vollendete. Und in der Seerose traf sich nach dem Zweiten Weltkrieg eine Gruppe Münchner Künstler aus allen Sparten – Schauspieler, Maler, Dichter – und bildete den Seerosenkreis, der heute noch existiert, sich allerdings an anderen Orten trifft.

Ein kleines Stück weiter beginnt auf der linken Seite ein schmaler Fußweg zur katholischen Kirche St. Sylvester. Diese ursprünglich romanische Dorfkirche wurde erstmals 1315 erwähnt, im Laufe der Jahrhunderte natürlich mehrmals umgebaut und 1925/26 mit einem neobarocken, achteckigen Bau beträchtlich vergrößert, was eine ungewöhnliche Doppelkirche entstehen ließ. Ich durchquere den kleinen, ruhigen Park hinter der Kirche und schenke dem großen alten Schulgebäude in der

Haimhauserstraße gegenüber kurz meine Aufmerksamkeit. Es wurde von Theodor Fischer 1897/98 schon als Volksschule gebaut und fällt vor allem durch ein reich geschmücktes Eingangsportal auf. Links an der Ecke Haimhauserstraße/Ursulastraße sehe ich das gelbe Schild der bekannten Münchner Lach- und Schießgesellschaft. 1956 gründete der Kabarettist Dieter Hildebrandt zusammen mit dem Journalisten Sammy Drechsel dieses legendäre politische Kabarett, in dem Größen dieses Genres, darunter Werner Schneyder, Bruno Jonas und Ottfried Fischer, auftraten.

Und schon folgt in der Haimhauser Straße das nächste traditionsreiche Münchner Theater, das „TamS – Theater am Sozialamt" – eine der wenigen Experimentierbühnen aus der großen Zeit der freien Theater in den 1980er-Jahren, die sich bis heute behauptet haben. In der Occamstraße, die hier die Haimhauserstraße kreuzt, befindet sich auch ein weiteres Juwel der Kleinkunstbühnen: das Vereinsheim.

Weiter geht's über die Occamstraße und die Marktstraße, bis die Haimhauserstraße am zentralen Verkehrs- und Einkaufsort Schwabings endet: an der „Münchner Freiheit". Die Münchner Freiheit – benannt nach einer Widerstandgruppe am Ende des Zweiten Weltkriegs – ist ein wichtiger Verkehrsknotenpunkt in Münchens Norden – hier gibt es Busstationen, U-Bahn, Tram und einen Parkplatz – und darüber hinaus mit allem ausgestattet, was städtische Plätze auszeichnet: Ich bin umgeben von Geschäften, einem Kaufhaus, zahlreichen Cafés, einer Kirche, es gibt einen Park und einen Spielplatz und als Zugabe blicke ich gegenüber auf eines der schönsten Jugendstilhäuser Münchens, in dem einst der Architekt Martin Dülfer lebte, dessen Jugendstilhäuser wir schon bewundert haben. Im Garten des Cafés Münchner Freiheit sitzt übrigens ein Münchner Original: der berühmte Stenz Monaco Franze beziehungsweise die von Nicolai Tregor geschaffene Bronzefigur des Schauspielers Helmut Fischer. Nicht nur für den Regisseur

Helmut Dietl war die Figur des Stenz faszinierend, sondern auch für den Münchner Autor Thomas Grasberger, der dem Frauenliebhaber mit dem Motto „Ein bissel was geht immer" ein ganzes Buch mit dem Titel *Stenz* widmete.

Im Café Münchner Freiheit gibt es sehr guten Kaffee und Kuchen, und damit stärke ich mich erst einmal. Durch eine Fußgängerunterführung erreiche ich die Erlöserkirche, die evangelisch-lutherische Pfarrkirche Schwabings, die 1900/01 von Theodor Fischer erbaut wurde. Da evangelische Kirchen meistens karg und schmucklos gehalten sind, war ich bei meinem ersten Besuch überrascht von der feinen Ausgestaltung dieses Kirchenraumes, die sich vielleicht daraus erklärt, dass der Architekt eine dezidiert bayerische Kirche schaffen wollte.

Meine nächste Station führt mich als Erstes auf die andere Seite der Kreuzung Leopoldstraße/Ungererstraße; da beginnt der Erwin-Planck-Weg, ein kleiner Fußweg, und der wiederum führt direkt zur Sturystraße, an der ein mächtiger gelber Baukörper liegt. Der Architekt Karl Höpfel errichtete hier 1911/12 eine Baugruppe, die zwei Gymnasien beherbergt: das Maximiliansgymnasium – ein traditionsreiches humanistisches Gymnasium, in dem Griechisch nach wie vor obligatorisch ist – und das Oskar-von-Miller-Gymnasium, ein Realgymnasium. Diese Geviertbebauung, umschlossen von vier Straßenzügen mit großem gemeinsamem Innenhof und einem markanten, 48 Meter hohen Turm, wirkt wie ein kleines Landschloss. Die beiden Gymnasien sind übrigens seit Generationen spielerisch-liebevoll verfeindet. Die Sturystraße endet an der Siegfriedstraße und diese mündet rechts in den Ernst-Toller-Platz, benannt nach dem Schriftsteller und Revolutionär Ernst Toller.

Ich gehe die Siegfriedstraße wieder zurück bis zum Erich-Mühsam-Platz am Kreuzungspunkt von Clemensstraße, Wilhelmstraße und Siegfriedstraße – der nächste Revolutionär. Der Schriftsteller und Anarchist Erich Mühsam betrat 1909

Gedenktafel für Toni Pfülf

die Schwabinger Szene, publizierte unermüdlich Satirisches und war wie Toller an der Münchner Räterepublik beteiligt. Gleich am Anfang der Wilhelmstraße liegt die Autorenbuchhandlung, die vor vierzig Jahren tasächlich von Autoren gegründet wurde, die dann im Geschäft standen und ihre eigenen Bücher und die von Kollegen verkauften. Heute wird sie von Buchhändlern geführt, ist aber immer noch fein sortiert. Ich schaue nur kurz in die Auslage – schwer genug, sich da loszureißen. Die Clemensstraße führt mich zurück zur Leopoldstraße, wo ich zum Haus Leopoldstraße 77 gehe, das ich schon von der anderen Straßenseite aus als eines der schönsten Jugendstilhäuser Münchens bewundert habe. Am Haus erinnert eine Gedenktafel daran, dass hier einst die Lehrerin und SPD-Reichstagabgeordnete Toni Pfülf wohnte. Sie war von Anfang an eine entschiedene Gegnerin des Nationalsozialismus und nahm sich 1933 das Leben. Zu Ehren der Münchner Volkssängerin Bally Prell, die ebenfalls hier lebte, gibt es einen kleinen Bally-Prell-Brunnen der von dem Bildhauer Wolfgang Sand gestaltet wurde. An der nächsten Ecke wird die Filmkultur hochgehalten: Das ABC-Kino, eines der ältesten Schwabinger Programmkinos, zeigt hier seit 1967 vor allem

Hochhäuser

europäische Filme weitab des Mainstreams. Und in Richtung Siegestor liegt ein Stückchen weiter Schwabings ältester Buchladen, die Buchhandlung Lehmkuhl, liebevoll Kuhle genannt und berühmt für ihr Klavier mit den Bücherstapeln darauf.

Ich überquere die Leopoldstraße und lasse von der Münchner Freiheit aus meinen Blick rundherum schweifen. Am Ende der Leopoldstraße sehe ich das Siegestor mit der dahinterliegenden Ludwigskirche; gut sichtbar ist auch der oberste Teil des Rathausturmes. Mit der Tram 23 fahre ich nun Richtung Schwabing-Nord. Nach einem guten Stück die Leopoldstraße entlang, biegt die Straßenbahn am Parzivalplatz rechts ab und erreicht an aufstrebenden Hochhäusern vorbei nach etwa einer Viertelstunde die Tramhaltestelle Münchner Tor. Gleich neben der Haltestelle befindet sich ein 85 Meter hoher Büroturm, der sich durch Wuchtigkeit und Gesichtslosigkeit auszeichnet. Dahinter stehen noch zwei Hochhäuser, deren Spitzen ich schon vom Stadtzentrum aus gesehen habe: die 2004 fertiggestellten Highlight Towers. Um diese beiden Blöcke, die nicht nur sehr hoch, sondern auch sehr lang sind, in ihrer ganzen Wucht wahrzunehmen, beschreite ich von der Station aus die Brücke, die hier als Tram-, Fußgänger- und Radfahrerbrücke die Autostraße überspannt. Jetzt kann ich in östlicher Richtung die gläsernen Highlight Towers – 113 und 126 Meter hoch – und die vor mit liegenden neuen Wohnanlagen sehr gut sehen. Zurück an der Tramhaltestelle Münchner Tor steige ich die Treppen zur Wilhelm-Hertz-Straße hinunter und folge ihrem Verlauf bis zum Ende an der Kreuzung mit der Leopoldstraße. Auf der gegenüberliegenden Straßenseite beginnt der Petuelpark. Diesen Park gibt es erst seit 2004, er ist das grüne Dach des Petueltunnels. Der Petueltunnel führt den ganzen Verkehr, der früher an den Häusern vorbeirauschte und für miserable Wohnqualität sorgte, unter die Erde – ein überaus gelungenes Beispiel, wie man aus einem Verkehrsproblem einen Gewinn für alle Betroffenen machen kann.

Am hier offen fließenden Nymphenburg-Biedersteiner Kanal entlang komme ich zum Café Ludwig. In diesem hauptsächlich aus Glas bestehenden neuen Pavillon stärke ich mich, bevor ich weiterspaziere, mit der guten Tagessuppe. Kaum zu glauben, dass unter mir mehrspurig Verkehr dahindonnert. Es geht weiter Richtung Westen, links flankiert von neuen Hochhäusern in Würfelform, alle von viel Grün umgeben. Mit dem Schwabing, durch das ich vorhin spaziert bin, hat das nicht mehr viel zu tun. Und doch: Der Park mit seiner Bachbegleitung und der teilweise fast strengen Ausgestaltung strahlt Ruhe aus und lädt mit Bänken zum Verweilen ein. Am Ende des Petuelparks warten die großen westlichen Hochhausbauten: das BMW-Hochhaus, der Olympia-Fernsehturm und das höchste Gebäude Münchens, das Bürohochhaus Uptown München mit einer Höhe von 146 Metern. Ich überquere die Belgradstraße und gehe weiter am Kanal entlang, vorbei am Freibad Georgenschwaige zur Schleißheimer Straße. Hier befindet sich die Umkehrschleife der Tramlinie 27 mit der Endhaltestelle Petuelring samt gleichnamiger Bushaltestelle und die U-Bahn-Station. Ich überquere das Gelände, biege links in die Birnauer Straße ein und halte mich gleich wieder rechts, indem ich den Bach überquere und nun den Fußweg benutze, der gut abgetrennt vom Ring Richtung BMW-Gebäude führt. Dieser Weg ist ein besonderes Schmankerl für Architekturinteressierte, da man hier auf 500 Metern einen überaus spannenden Teil von Münchens neuer und neuester Architekturgeschichte überblicken kann. Wir beginnen mit dem 101 Meter hohen BMW-Büroturm, der 1970 bis 1972 erbaut wurde. Architekt Karl Schwanzer wählte die Form eines Vierzylinders. Von meiner Position aus kann ich nur drei Rundtürme erkennen, die in der Mitte verbunden sind, aber das täuscht, hinter den dreien steht der vierte. Daran schließt das BMW-Museum in Form einer Schüssel an, ebenfalls von Karl Schwanzer geplant und 1973 eröffnet: Durch seine reine Betonhülle strahlt es kühle Klarheit aus. Das in meinen Augen schönste Gebäude folgt am Schluss: die von Coop Himmelb(l)au 2003 bis 2007 erbaute BMW-Welt. Das geschwungene Dach wirkt wie ein Rochen mit zwei großen Flügeln, es scheint zu schweben und wird nur fein abgestützt von einem Doppelkegel, der in der Sonne wunderbar glitzert. Bevor ich zur Ecke

BMW-Welt

BMW-Museum

Lerchenauerstraße komme, lege ich die letzten 100 Meter auf dem Gehsteig zurück. Hier beginnt der Olympiapark mit dem Olympiastadion und dem Fernsehturm. Ich überquere den Ring, steige die Treppen hoch zum BMW-Museum und gelange über eine elegante Fußgängerüberquerung zur BMW-Welt. Bevor ich den Eingang des luftigen Glasbaus erreiche, kann ich durch ein Fenster schauen, das sich durch die Geometrie des Baus ergibt. Man sieht die Hügel des Olympiageländes, einst Schuttberge, die nach dem Zweiten Weltkrieg aus Trümmern angelegt wurden, und das Zeltdach des für die Olympiade 1972 gebauten Olympiastadions mit Olympiahalle und Schwimmhalle. Das Zeltdach aus lichtundurchlässigem Acrylglas war für die damalige Zeit eine außerordentliche Pionierleistung, vollbracht von Frei Otto (tatsächlich war „Frei" sein Vorname) vom Architekturbüro Behnisch & Partner.

In der Halle der BMW-Welt bin ich überwältigt vom Licht, von der Größe und Schönheit des Raumes. Die verschiedenen Ebenen der Halle werden perfekt genutzt für die Präsentation der BMW-Modelle. Selbst für mich als Autoverweigerer, begeisterten Fußgänger und passionierten Benutzer von öffentlichen Verkehrsmitteln wirkt die Ausstellung – die Autos werden präsentiert wie Schmuck beim Juwelier – vor allem aufgrund der Größe des Raumes nie aufdringlich.

Nach einem Hallenrundgang verlasse ich diese gelungene architektonische Skulptur, mit der Coop Himmelb(l)au ihr Versprechen *Architektur muss brennen* einzigartig eingelöst haben.

Auf dem Rückweg genieße ich auf der eleganten Fußgängerüberquerung noch einmal den Rundblick. Ich überquere erneut den Ring, gehe die Lerchenauer Straße entlang und biege nach etwa 100 Metern links in die Birnauer Straße ein. Am Kanal entlang spaziere ich zur Endstation der Tram 27.

Die Tram 27 durchquert von hier aus Schwabing-West in Nord-Süd-Richtung und steuert mitten ins Herz von München, auf das Sendlinger Tor, zu, eines der drei noch erhaltenen großen Altstadttore der Münchner Innenstadt. Die durchgehende Blockbebauung, die an der Schleißheimer Straße beginnt, setzt sich mit unterschiedlichen Fassadenstilen, vom glatten und gesichtslosen Neubau bis zu den ausgewogen-fantasievoll gestalteten Fassaden der Jahrhundertwende, bis zum Sendlinger Tor fort. Während bis zum Nordbad Neubauten überwiegen, folgt ab dem Kurfürstenplatz das Gebiet mit großen Bürgerhäusern und Schulbauten des neunzehnten Jahrhunderts. Am Elisabethplatz bewundere ich jedes Mal das rechts an der Ecke Elisabethstraße/Elisabethplatz stehende Schulhaus, das 1901/02 von Theodor Fischer erbaut wurde. Es wirkt so gar nicht wie ein Schulgebäude, sondern mit seinen Türmchen geradezu herrschaftlich. Der Elisabethplatz ist mit seinem Dauermarkt und dem Theater der Jugend ein wichtiges und beliebtes Zentrum in Schwabing-West. Die 27 fährt weiter durch die Barer Straße zu den Pinakotheken, die alle von der Tramstation aus zu Fuß in ein paar Minuten erreichbar sind, dann über den Karolinenplatz am Obelisken vorbei zum Karlsplatz, also zum Stachus. Hier kann man rechts die prachtvolle Fassade des Justizpalastes und links das gelungene Rondell zum Karlstor bewundern, bevor man das Sendlinger Tor, die Endstation, erreicht.

Wer mit der S-Bahn weiterfahren möchte, sollte allerdings schon am Stachus aussteigen, auch zum Hauptbahnhof kommt man zu Fuß vom Stachus aus in nur zehn Minuten.

Zum Besuchen

BMW-Welt
Am Olympiapark 1, +49 (0)89 1250 160 01
Mo–Sa 7.30–24 Uhr
So 9–24 Uhr
Ausstellungsbetreuung
tgl. 9–18 Uhr
www.bmw-welt.com/de/
Die BMW-Welt ist auch für Nicht-Autofans immer einen Besuch wert, da man hier einerseits neueste Architektur erleben kann und andererseits auch einen guten Blick auf das Münchner Olympiagelände mit seinem einmaligen Zeltdach hat. Wer sich für die BMW-Firmengeschichte interessiert, kann dann gleich noch das BMW-Museum besuchen, das sich direkt neben der BMW-Welt befindet.

Münchner Lach- und Schießgesellschaft
Ursulastraße 9, +49 (0)89 4520530-15
https://www.lachundschiess.de/
Kleinkunst vom Feinsten. Einfach auf die Homepage schauen und sich überraschen lassen.

Zum Genießen

Café Münchner Freiheit
Münchner Freiheit 20, +49 (0)89 33 007 990
Mo–So 7–19 Uhr, im Sommer bis 21 Uhr
www.muenchner-freiheit.de
Im großen Außenbereich des Café Münchner Freiheit kann man bei ausgezeichnetem hausgemachten Kuchen und sehr gutem Cappuccino angenehm verweilen. Auch die guten Mittagsgerichte und im Sommer vor allem das ausgezeichnete Eis locken viele Schwabinger in dieses nun schon seit über 40 Jahre existierende Café.

Café Ludwig
Klopstockstraße 10, +49 (0)89 322 11 766
So–Di 10–23 Uhr
Mi–Sa 10–1 Uhr
www.cafe-ludwig.net
Der kulinarische Mittelpunkt des Petuelparks bietet neben Kaffee und Kuchen auch eine gute Tageskarte mit ausgezeichneten Suppen.

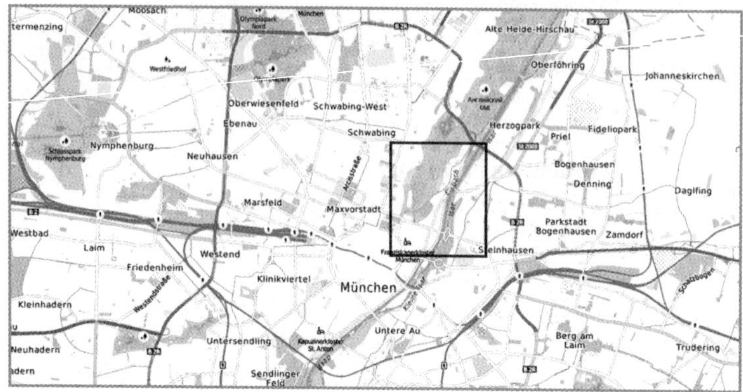

Vom Haus der Kunst über den Englischen Garten zur Villa Stuck

1 *Haus der Kunst*
2 *Bogenhauser Friedhof*
3 *Hildebrandhaus – Monacensia*
4 *Villa Stuck*

Kunst und Natur

Vom Haus der Kunst über den Englischen Garten zur Villa Stuck

Zum Haus der Kunst gelangt man mit dem Bus 100; wer per U-Bahn kommt, kann vom Odeonsplatz quer durch den Hofgarten spazieren. Das Haus der Kunst wurde in den 1930er-Jahren von Paul Ludwig Troost als NS-Repräsentationsbau im neoklassizistischen Stil errichtet, auf seine Entstehungsgeschichte während der Nazizeit weist das Haus in einer eigenen kleinen Ausstellung im Erdgeschoss hin. Das Haus der Kunst überzeugt heute nicht nur mit spannenden Ausstellungen international bekannter Künstler und Künstlerinnen, sondern auch mit einer der schönsten Münchner Bars, der Goldenen Bar. Diese Bar an der Rückseite des Museums kann man auch besuchen, wenn man gar nicht auf Kunstgenuss aus ist. Wenn ich in diesem hohen Raum mit den vergoldeten Tapeten sitze und sich das Licht im großen, eigenwilligen Luster spiegelt, erlebe ich still glänzende Augenblicke von Glück. Im Erdgeschoss ist die Buchhandlung König untergebracht, natürlich kann ich das Haus der Kunst nicht verlassen, ohne vorbeizuschauen; die Buchhandlung ist vor allem im Bereich Architektur und Kunst gut sortiert und ich stöbere hier gerne.

Haus der Kunst

Aus dem Haus der Kunst kommend, gehe ich nach links, zur Eisbachwelle, wo sich die Surfer und Surferinnen zu jeder Jahreszeit mutig ins eiskalte Wasser stürzen. Neben der Eisbachwelle beginnt der Weg durch den Englischen Garten. Ich werfe noch einen Blick auf das prächtige frühklassizistische Prinz-Carl-Palais, das gut sichtbar hinter einem Teich mit Fontäne am westlichen Ende der Prinzregentenstraße steht und von Karl Fischer von 1804 bis 1806 erbaut wurde. Nach dem Tod des Prinzen Carl residierten im Palais bis 1919 die österreichisch-ungarischen Gesandten, in den darauffolgenden Jahrzehnten hatte es unterschiedliche Bewohner und Funktionen. Heute wird es als Repräsentationshaus des bayerischen Ministerpräsidenten verwendet, der im Nebengebäude, der markanten Staatskanzlei, residiert. Die allgemein repräsentative Prinzregentenstraße beherbergt übrigens nicht nur das Haus der Kunst, sondern auch das Bayerische Nationalmuseum, dahinter die Archäologische Staatssammlung und weiter östlich die Sammlung Schack.

Der Weg in den Englischen Garten führt bald an einem Kinderspielplatz vorbei, dann über eine Brücke. Hier teilt sich der Weg; ich biege rechts ab und folge dem Pfad entlang des Eisbachs. Links sehe ich am Ende des Englischen Gartens die zwei Türme der Ludwigskirche und den Olympiaturm aufragen. Bald sehe ich wieder Wassersportler im Eisbach; auch die hier befindliche kleine Eisbachwelle wird von Surfern genutzt.

Wo sich der Bach in einen linken und rechten Arm teilt, gehe ich rechts über die Brücke. Der Eisbach fließt an der Häuserzeile der hier beginnenden Theodorparkstraße entlang und wird von einem Gehsteig begleitet, also weiter, bis die Theodorparkstraße in die Tivolistraße mündet. Hier verlasse ich den Eisbach – der weiter nördlich in die Isar fließt –, biege rechts in die Tivolistraße ein und überquere auf der Max-Joseph-Brücke die Isar. Nach der Brücke führt die Montgelasstraße als Hauptstraße über das Isarhochufer in den Stadtteil Bogenhausen; vom Bus aus kennen wir die Strecke schon – die Fahrt nach Schwabing hat uns hier entlanggeführt. Ich biege jedoch in die Neuberghauser Straße ein, die an einem Fußweg endet, der nach einem kurzen, aber steilen Anstieg zum Bogenhauser Platz führt. Am Bogenhauser Platz liegt die Kirche St. Georg samt Bogenhauser Friedhof. Die Kirche St. Georg wurde in der heutigen Form 1766–68 errichtet und inzwischen mehrmals restauriert. Sie war die Urpfarrei des

Plan Englischer Garten

Grabstätte von Rainer Werner Fassbinder

erstmalig 768/769 als Pupinhusir urkundlich erwähnten Ortes Bogenhausen, was so viel wie Haus/Häuser des Poapo bedeutet; 1892 wurde Bogenhausen nach München eingemeindet. Der Bogenhauser Friedhof existiert seit dem neunten Jahrhundert, er ist flächenmäßig der kleinste Friedhof Münchens – es gibt nur etwas mehr als zweihundert Grabplätze – und diente lange Zeit eingesessenen Bogenhauser Familien als letzte Ruhestätte, beherbergt inzwischen jedoch eine große Anzahl an Gräbern bekannter Münchner Persönlichkeiten. Von den großen Schriftstellern Erich Kästner und Oskar Maria Graf über den Regisseur Rainer Werner Fassbinder, den Filmproduzenten Bernd Eichinger, den Fernsehstar Helmut Fischer bis hin zu Liesl Karlstadt spannt sich der Bogen der berühmten Münchner, die hier beerdigt sind – der Friedhof spiegelt also vergangene Münchner Geistes- und Kulturgeschichte. Die Gräber sind eher klein, aber vielgestaltig, mit schmiedeeisernen Ornamenten, unterschiedlichen Kreuzen und Grabsteinen. Ich entdecke immer wieder neue Grabstätten, die mit Sorgfalt und Liebe gestaltet sind und durch besonderen Blumenschmuck auffallen. Auch Verborgenes gibt es zu entdecken: Im roten Herzmedaillon an Liesl Karlstadts Grab versteckt sich ihr eigentlicher Name: Elisabeth Wellano. Besonders einfach, aber für mich tief beeindruckend ist die Grabstätte von Rainer Werner Fassbinder; auf ein Kreuz wurde verzichtet, es gibt nur einen feinen Gedenkstein, geschmückt mit einem kleinen Baum, umgeben von Grün.

Aus dem Friedhof kommend, halte ich mich zuerst rechts, biege aber gleich links ab in die Maximiliansanlagen. Diese Grünanlagen ziehen sich die Isar entlang über den Friedensengel bis zum Maximilianeum und zum Gasteig. Gleich am Beginn der Anlagen befindet sich ein Denkmal für den Jesuiten Alfred Delp, der 1944 in der Kirche St. Georg als Widerstandskämpfer verhaftet und in Berlin hingerichtet wurde. Das Gelände zur Isar hinunter ist terrassenförmig angelegt und ich könnte auch an der Isar entlangspazieren, ich bleibe jedoch am Isarhochufer, gehe durch den Park Richtung Friedensengel und genieße die Aussicht – rechts Natur, links Villen, zum Teil Jugendstilbauten – in der Maria-Theresia-Straße. An der Ecke Maria-Theresia-Straße/Siebertstraße verlasse ich den Park; hinein in die Kultur. In der Maria-Theresia-Straße 23 steht eine berühmte Künstlervilla, das Hildebrandhaus. Der Bildhauer Adolf von Hildebrand, der unter anderem den bereits erwähnten Wittelsbacherbrunnen am Lenbachplatz schuf, entwarf das Haus, die Pläne führte der Architekt Gabriel von Seidl aus, der mit dem Künstlerhaus am Lenbachplatz, mit St. Anna im Lehel und vielen anderen Gebäuden das Münchner Stadtbild prägte. Adolf von Hildebrand lebte mit seiner Familie von 1898 bis 1921 im Hildebrandhaus, heute wird es von der Stadt München unter dem Namen Monacensia als Bibliothek und Archiv genutzt. Die Monacensia beherbergt einen riesigen Buchbestand an bayerischer Literatur und viele Nachlässe bayerischer Schriftsteller und Schriftstellerinnen, zudem werden laufend literarische Ausstellungen veranstaltet; die Lage am Isarhochufer, direkt am südlichen Teil des Englischen Gartens, prädestiniert die Anlage außerdem als feinen geistigen Ort zum Blättern und zur Erholung vom Trubel und Verkehrslärm der

Villa Stuck

Stadt. Zu Kaffee und Kuchen lädt das neue Café Mon im Hildebrandhaus ein, das im neuen Glasanbau untergebracht ist. Ich gehe noch ein Stück die Maria-Theresia-Straße entlang nach Süden, bis zum Knotenpunkt Europaplatz/Prinzregentenstraße/Maria-Theresia-Straße. Links begrüßt mich die prächtige Villa Stuck mit Ornamenten und Skulpturen, rechts der goldene Friedensengel, der vom Isarhochufer auf die Stadt hinunterschaut. Der sechs Meter hohe Engel auf seiner 23 Meter hohen Säule wurde 1899 als Erinnerung an den Sieg im Deutsch-Französischen Krieg von 1870/71 eingeweiht – man sieht, dieser Krieg oder vor allem: dieser Sieg hat deutliche Spuren hinterlassen.

Die Villa Stuck ist eine der Münchner Künstlervillen, die – wie das Lenbachhaus mit dem Blauen Reiter – als Museen genutzt werden. Sie wurde nach Entwürfen des Malerfürsten Franz von Stuck erbaut: 1897/98 das Haupthaus, 1913/14 der Atelieranbau mit Verbindungsflügel, in dem sich heute der Haupteingang befindet. Franz Stuck, der erst 1906 in den Adelsstand erhoben wurde, war der Sohn eines Dorfmüllers aus Niederbayern und machte nach dem Besuch der Akademie rasch Karriere. Er erhielt eine Professur an der Akademie, gewann mehrere Goldmedaillen, war Lehrer von Paul Klee und Wassily Kandinsky und Mitbegründer der Münchner Sezession. Mit seiner eigenen Villa verwirklichte Franz von Stuck ein Gesamtkunstwerk, er stattete die Räume auch selbst mit Möbeln und Plastiken aus. Ursprünglich dem Jugendstil zugeordnet, wird sein Werk heute vor allem symbolistisch gedeutet. Neben einer Dauerausstellung mit den Werken Franz von Stucks werden im Museum Villa Stuck Wechselausstellungen gezeigt, die einen Besuch immer lohnen – ganz abgesehen vom guten kleinen Restaurant im Haus. An der Haltestelle Friedensengel/Villa Stuck kann man entweder den Bus 100 oder die Tram 16 besteigen, außerdem gibt es in der Nähe zwei U-Bahn-Stationen – Max-Weber-Platz und Prinzregentenplatz. Für alle, die gern zu Fuß gehen, bietet sich das Isarhochufer an, durch das Grün der Maximiliansanlagen führt der Weg vorbei am Denkmal Ludwigs II. weiter bis zum Maximilianeum.

Zum Besuchen und Genießen

Bogenhauser Friedhof
November–Februar: 8–17 Uhr, März: 8–18 Uhr,
April–Oktober: 8–19 Uhr
Bogenhauser Kirchplatz 1
Der kleine Bogenhauser Friedhof mit seinen vielgestaltigen Gräbern und seiner Erinnerung an bekannte Münchner Persönlichkeiten ist der Diamant der Münchner Friedhofskultur.

Monacensia
Literaturarchiv und Bibliothek
Da die Monacensia gerade (Sommer 2016) umgebaut wird, Öffnungszeiten bitte selbst recherchieren.

Maria-Theresia-Straße 23, +49 (0)89 4194 720
www.muenchner-stadtbibliothek.de/literaturarchiv/monacensia/
http://monacensia.net/Literaturarchiv.htm
Die Monacensia ist mit ihrem Archiv und literarischen Nachlässen der literarische Erinnerungsspeicher der Stadt und bietet ein nettes Ambiente, um innezuhalten und die Seele baumeln zu lassen.

Café Mon
Siebertstraße 2, +49 (0)89 55278899
Di–So ab 11 Uhr, Mo Ruhetag
http://www.cafe-mon.de

Museum Villa Stuck
Di–So 11–18 Uhr
Prinzregentenstraße 60, +49 (0)89 45 555 10
www.villastuck.de
Die Villa Stuck als Gesamtkunstwerk beeindruckt nicht nur durch die Größe und Schönheit, sondern auch mit ihren Sonderausstellungen.

Haus der Kunst
Goldene Bar
Mo–So 10–20 Uhr
Do 10–22 Uhr
Prinzregentenstraße 1, +49 (0)89 211 27 113
www.goldenebar.de, www.hausderkunst.de
Die Goldene Bar mit ihrem eigenwilligen Charakter ist Münchens schönste Tagesbar, und auch die Ausstellungen im Haus der Kunst von Ai Weiwei über Louise Bourgeois bis Georg Baselitz sind immer beeindruckend und schärfen den Blick auf die Gegenwartskunst.

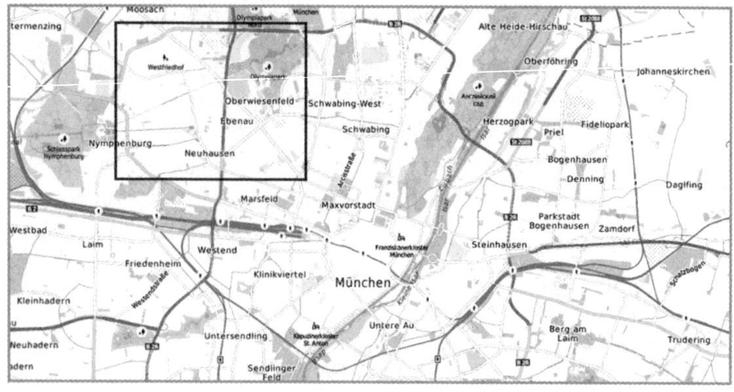

Von der Borstei über Gern zum Rotkreuzplatz

1 *Borstei-Museum*
2 *Hubertusbrunnen*
3 *Dom-Pedro-Platz*
4 *Ruffini*
5 *Herz-Jesu-Kirche*
6 *Rotkreuzplatz*

Anders wohnen

Von der Borstei über Gern zum Rotkreuzplatz

Ein unbedingt zu empfehlender Spaziergang führt durch eine ganz besondere Wohnbausiedlung Münchens, durch die Borstei. Die Tram 20 oder 21, die am Stachus losfährt, bringt mich hin; die Straßenbahnhaltestelle Borstei liegt praktischerweise direkt gegenüber vom Haupteingang der großen Wohnanlage. Ich steige aus und gehe in den ersten Hof, der entlang der Franz-Marc-Straße kleine einladende Geschäfte bietet, unter anderem eine Metzgerei, bei der ich mich gleich mit einem Imbiss stärke. Am Ende des Hofes liegt das Café Borstei, und da ich noch ein wenig Zeit bis zur Öffnung des Museums habe, kehre ich auf einen Kaffee ein, sitze draußen und genieße die Ruhe in diesem schönen Hof. Danach gehe ich außerhalb des Hofes am ganzen Komplex entlang; da die Borstei an den westlichen Ausläufern des Olympiaparks liegt, erfreue ich mich an Wiesen und Bäumen, von Norden leuchtet mir das höchste Hochhaus Münchens, der Uptown München, entgegen. Ich gehe bis zum Ende der Hengelerstraße, wo ein Torbogen zu den Garagen und zum Museum führt. Das Borstei-Museum existiert seit 2006 und stellt mit Bildern und Vitrinen die Geschichte der Siedlung und das Leben des Baumeisters

Wohnbausiedlung Borstei

und Architekten Bernhard Borst vor. Als die Siedlung fertiggestellt war, hatte sie immer noch keinen Namen – also wurde ein Wettbewerb veranstaltet. Die Vorschläge reichten von Schlaraffenhof über Borsts Wohnautomat bis Borstelysium, ausgewählt wurde schließlich „Borstei“. Die Siedlung vereint 772 Wohneinheiten in unterschiedlichen Größen, Gemeinschaftseinrichtungen wie eine Zentralwäscherei, aber auch Gewerbelokale und Ladenlokale. Die Wohnräume haben eine Höhe von 3,12 m und die Toilettenräume sind mit Fenstern bzw. Halbfenstern ausgestattet – was leider bei vielen Neubauten heute nicht mehr der Fall ist –, auch darüber hinaus waren die Wohnungen mit überdurchschnittlich viel Komfort ausgestattet. Bernhard Borst, der die Siedlung von 1924 bis 1929 erbaute, war aber nicht nur die Wohnqualität, sondern auch die künstlerische Ausgestaltung der Siedlung, vor allem der Gärten mit Skulpturen, ein großes Anliegen, und so sind die Gärten mit zahlreichen Plastiken und Brunnenskulpturen von unterschiedlichen Künstlern geschmückt. Bernhard Borst bot auch hin und wieder Gartenkonzerte für die Bewohner und Kasperletheater für die Kinder. Nur ein Viertel der Gesamtfläche ist übrigens bebaut, für Gärten wurde großzügig Platz gelassen; Borst forderte die Bewohner auch dezidiert dazu auf, sich an den Gärten zu erfreuen.

Nachdem ich das Museum tief beeindruckt verlassen habe, halte ich mich links und erreiche nach dem Tordurchgang die Löfftzstraße, dann die Bernhard-Borst-Straße, danach biege ich rechts ab und gehe durch den Hofeingang in den Garten der Ruhe. Der wunderschöne Innenhof trägt seinen Namen zu Recht, stelle ich fest; aber auch auf der anderen Seite der Bernhard-Borst-Straße lockt ein Innenhof mit einer Skulptur des Hirtengottes Pan, dahinter an der Hauswand prangt ein Fresko mit Apoll und den Musen. Bernhard Borsts Siedlungsmotto „Borstei – die kultivierte Wohnsiedlung“, das groß am Ende der Löfftzstraße an der Außenwand der Siedlung angebracht ist, wird von außen an den zahlreichen Plastiken, die die Gartenanlagen zieren, sichtbar. Die Hildebrandstraße führt durch einen Torbogens nach draußen in die Pickelstraße, an den gelben Häusern der Borstei-Wohnanlage entlang gehe ich bis zur Dachauer Straße.

An der Dachauer Straße biege ich links ab, an der Kreuzung Dachauer Straße/Sapporobogen überquere ich die Dachauer

Borstei – die kultivierte Wohnsiedlung

Straße. Auf der gegenüberliegenden Straßenseite befindet sich eine auch schon 1928 gebaute Wohnanlage der Stadt, die heute als bunter Block von der GWG München, der Gemeinnützigen Wohnstättengesellschaft München, betreut wird. Ein Blick in den Hof dieser Wohnanlage zeigt, dass auch hier schon sehr früh an Wohnqualität gedacht wurde, Wohnungen mit Innenloggien etwa. Die 177 Wohneinheiten dieses Blocks waren wie in der Borstei bereits von Anfang an mit Bädern ausgestattet und hatten einen komfortableren Grundrisszuschnitt als viele Wohnungen, die in den Fünfzigerjahren errichtet wurden. Auf dem Fußweg gehe ich am Tennisplatz vorbei, überquere den Nymphenburg-Biedersteiner Kanal und biege nach der Brücke in die hier beginnende Hohenlohestraße ein, die als Fuß- und Radweg den Nymphenburg-Biedersteiner Kanal begleitet. Bis zur Kreuzung Dantestraße/Waisenhausstraße bleibe auf dem Fußweg, hier biege ich zuerst rechts ab, überquere die Brücke und gehe auf der anderen Seite am Kanal entlang weiter. Der Spaziergang neben dem Gewässer auf dem alleeartigen Weg ist wunderschön, die Gedanken fließen. Am Ende des Weges, der Canalettostraße, komme ich auf die Nederlinger Straße. Hier überquere ich den Kanal erneut und stoße gleich auf die Klugstraße, von der ein kleines Stück weiter die Gernstraße abzweigt. Und diese Ecke, wo sich Klugstraße und Gernstraße treffen, war früher der Dorfkern von Gern.

Der heutige Stadtteil Gern bestand bis ins neunzehnte Jahrhundert aus vier Bauernhöfen, die umliegenden großen landwirtschaftlichen Flächen waren Eigentum dieser Bauernhöfe. Diese Bauernhöfe selbst waren bis zur Säkularisation 1803, also der Inbesitznahme des geistlichen Eigentums durch das Kurfürstentum Bayern, im Besitz von Klöstern. Das Wort Gern stammt aus dem mittelalterlichen Deutsch und bedeutet Spitzacker oder keilförmiges Grundstück. Aus ein paar Handvoll Gebäuden an der Ecke Nederlinger Straße/Klugstraße/ Gernstraße wurde gegen Ende des neunzehnten Jahrhunderts ein Villenvorort; einzigartig sind hier vor allem die Villen-Reihenhäuser. Am Anfang der Villenkolonie Gern steht vor allem Baumeister Jakob Heilmann, der große Grundstücke erwarb und mit seinem Büro Heilmann & Littmann zum Beispiel an der Gerner Straße 1894 die Familienhäuser-Kolonie Gern erbaute. Heilmann wollte mit seiner Siedlung auch gezielt Künstlern Wohnraum bieten, was sich auch in der Benennung der Straßen widerspiegelt, und tatsächlich zogen zahlreiche Maler, Karikaturisten, Bildhauer und Kunstprofessoren hierher.

Ich gehe an den Villen in der Gerner Straße entlang und komme nach Querung der Tizian- und der Malsenstraße zur Nördlichen Auffahrtsallee am Schlosskanal von Schloss Nymphenburg. Von der Fußgängerbrücke aus hat man einen wunderbaren Blick zum Schloss Nymphenburg und auf den Hubertusbrunnen am Ende des Kanals. Die auf beiden Seiten des Kanals verlaufende Allee akzentuiert den Kanal und schafft gestaltete Natur von besonderer Schönheit mitten in der Stadt. Auf der nördlichen Seite des Kanals gehe ich bis zum Hubertusbrunnen, der sich in einem Pavillon befindet. Nach einem Entwurf von Adolf von Hildebrand wurde der Brunnen 1904 bis 1907 erbaut, stand aber ursprünglich vor dem Bayerischen Nationalmuseum in der Prinzregentenstraße; hier steht er erst seit 1954. Vom Hubertusbrunnen aus hat man in Richtung Westen einen besonderen Blick auf Schloss Nymphenburg am anderen Ende des Kanals. Wie durch die Linse eines Fotoapparates sieht man das einen Kilometer entfernt liegende Hauptgebäude der Nymphenburger Schlossanlage gestochen scharf. Ein einmaliges Bild – was für eine gelungene Sichtachse!

Beschwingt gehe ich die St.-Galler-Straße entlang bis zum Dom-Pedro-Platz, wo ein Altersheim, eine Kirche und ein Schulgebäude versammelt sind. Der Platz wurde um 1900 hauptsächlich von den Architekten Theodor Fischer und Hans

Ruffini

Grässel in historisierendem Stil gestaltet – besonders Hans Grässel hatte einen Sinn für Geschichte: Als Stadtbaudirektor ließ er Gebäude, die abgerissen werden sollten, fotografieren, um München als Stadt zu dokumentieren. Gleich in der Nähe befindet sich ein beliebter Biergarten, der Taxisgarten – vom Dom-Pedro-Platz aus ginge es in der Taxisstraße ein Stück nach Norden; als Bierliebhaber besucht man den Taxisgarten allerdings am besten mittags und nachmittags, am Abend ist er meistens sehr voll. Ich als Kaffeehausmensch bleibe aber auf dem Dom-Pedro-Platz, biege nach der staatlichen Grundschule rechts in die Orffstraße mit ihren kleinen Reihenhäusern ein und freue mich auf das legendäre Café Ruffini.

Das Ruffini liegt an der Ecke Orffstraße/Ruffinistraße, wurde 1978 als Genossenschaftsbetrieb im Stil einer italienischen Cantina gegründet und hat heute fünfundzwanzig Gesellschafterinnen und Gesellschafter, die das Prinzip „Arbeiten ohne Chef" erfolgreich praktizieren. Es ist gleichzeitig und nebeneinander Café, Weinhaus und Konditorei: Im Café gibt's wechselnde Mittagsgerichte, auf der Terrasse kann man bei Sonnenschein Kaffee und Kuchen genießen. Im Ladenlokal gibt es Kuchen, Gebäck und Brote aus der eigenen Bäckerei,

Bürgerhaus

eine große Auswahl italienischer Weine und andere direkt importierte italienische Spezialitäten. Als lebendiger Ort für Kultur, Geist, Speis und Trank bietet das Ruffini auch Lesungen und Ausstellungen an, besondere Höhepunkte sind Lesungen mit Autoren anderer Nationalitäten, zu denen ein landestypisches Gericht serviert wird – unvergesslich ist für mich ein Abend mit dem bereits verstorbenen spanischen Krimiautor Manuel Vázquez Montalbán und dem dazu servierten wunderbaren spanischen Abendessen.

Nach einem genussvollen Intermezzo verlasse ich das Ruffini und biege rechts in die Ruffinistraße ein, die in die Nymphenburger Straße mündet. An dieser Kreuzung – mit der Trambahnhaltestelle Neuhausen – enden auch die Waisenhausstraße und die Lachnerstraße; architektonisch auffallend sind an der Ecke Lachnerstraße/Nymphenburger Straße große, um die Jahrhundertwende im barockisierenden Jugendstil erbaute Bürgerhäuser.

Ich überquere die Nymphenburger Straße und betrete die Lachnerstraße, ein Kirchturm kündigt schon die Herz-Jesu-Kirche an. Während der Kirchturm als Solitär vorgezogen am Straßenrand steht, liegt die Kirche etwas zurückgesetzt.

Herz-Jesu-Kirche

Die alte – im Zweiten Weltkrieg schon einmal zerstörte und danach neu gebaute – Kirche brannte 1994 vollständig ab; Spenden ermöglichten einen Neubau. Nach all den prächtig-barocken Kirchen, die wir in München schon gesehen haben, ist diese hier eine wirkliche Abwechslung: Die neue Herz-Jesu-Kirche mit ihrer in blau gehaltenen Glasfassade ist einer der wenigen Leuchttürme der modernen gegenwärtigen Baukunst Münchens. Geplant wurde sie von der Architektengemeinschaft Markus Allmann, Amandus Sattler und Ludwig Wappner von 1998 bis 2004. Die Kirche ist zweischalig gebaut; wenn man die Eingangstür öffnet, gelangt man nach dem Glasbau erst durch eine zweite Tür in die sehr einfach ausgestattete Kirche aus Holz, die aufgrund ihrer Akustik auch in Musikkreisen einen sehr guten Ruf hat.

Aus der Kirche heraustretend, wende ich mich nach rechts zur Winthirstraße, biege hier links ein und stoße schon nach wenigen Metern auf den kleinen Winthirfriedhof, der die Winthirkirche umgibt. Der offizielle Name des Friedhofs ist Friedhof Neuhausen, von den Einheimischen wird er jedoch, da er an der Winthirkirche liegt, Winthirfriedhof genannt. Der Friedhof – urkundlich 1315 erstmals erwähnt – erinnert mich aufgrund seiner Intimität und der vielfältigen Gräbergestaltung ein wenig an den Friedhof in Bogenhausen, und während der Bogenhauser Friedhof der flächenmäßig kleinste Friedhof Münchens ist, ist der Neuhauser Friedhof mit 142 Grabstätten der kleinste bezüglich der Anzahl der Gräber. Da zwischen den Gräbern noch schöne alte Bäume stehen, ist der Friedhof vor allem im Sommer ein schattig-kühler Nachdenkort im hektischen Alltagstrubel. Begraben sind hier bekannte Münchner Persönlichkeiten wie Oskar von Miller, Sigi Sommer, Jörg Hube und Franz Anton Bustelli. Gleich am Eingang steht das von Ruth Schaumann mit Kinderfiguren bestückte Peter-Dörfler-Brünnlein. Der Name „Winthir“ könnte aus dem Iroschottischen oder Althochdeutschen stammen; laut Volkssage war Winthir ein englischer Wanderprediger, der in Neuhausen missioniert und das Dorf vor Krieg, Hunger und anderem Unbill bewahrt haben soll. Er soll hier begraben sein und wird seit 1700 als bayerischer Heiliger verehrt. Neuhausen wurde zwischen 1163 und 1165 als „Niwenhusen“, als „neue Behausung“, urkundlich erstmalig erwähnt, 1890 wurde es eingemeindet.

Rotkreuzplatz

Jetzt steht mir der Sinn nach mehr Leben – per Winthirstraße und Volkartstraße gelange ich zum Rotkreuzplatz. Der Rotkreuzplatz ist Neuhausens Zentrum, Verkehrsknotenpunkt mit U-Bahn-, Tram- und Busstation und Einkaufsraum; es gibt ein großes Kaufhaus und zahlreiche kleinere Geschäfte. Ich als Büchermensch weiß natürlich, dass das Zentrum Neuhausens mit Buchhandlungen gut ausgestattet ist: Das große Buchkaufhaus Hugendubel liegt gleich links in der Nymphenburger Straße, die kleinere Stadtteilbuchhandlung CoLibris in der Leonrodstraße. Und ganz in der Nähe, an der Ecke Schulstraße, befindet sich die Eiskonditorei Sarcletti – ein berühmtes Münchner Traditionsunternehmen: Peter Paul Sarcletti lud hier bereits 1879 zu selbst hergestelltem Eis. Das soll heute mein Spaziergang-Schlusspunkt sein – für den Heimweg stehen vom Rotkreuzplatz aus zahlreiche Möglichkeiten der Fortbewegung mit öffentlichen Verkehrsmitteln zur Wahl.

Zum Besuchen

Borstei-Museum
Di, Do, Sa 15–18
Löfftzstraße 10, Hofeingang, +49 (0)89 15 99 04 83
www.borsteimuseum.de
Das Borstei-Museum präsentiert spannend und übersichtlich die Geschichte dieser besonderen Münchner Wohnbausiedlung.

Herz-Jesu-Kirche
tgl. 8–18 Uhr
Lachnerstraße 8, +49 (0)89 1306750
www.herzjesu-muenchen.de
Ein Meisterstück neuer Kirchenarchitektur. Bei Musikfreunden bekannt als ausgezeichneter Klangraum für Aufführungen von Kirchenmusik.

Winthir-Friedhof
Winthirstraße 15
November–Februar: 8–17 Uhr
März: 8–18 Uhr
April–August: 8–20 Uhr
September–Oktober: 8–19 Uhr
Neben dem Bogenhauser Friedhof ein weiteres eher unbekanntes Juwel der Münchner Friedhofskultur.

Zum Genießen

Ruffini
Café, Konditorei, Weinhaus
Di–So 10–24
Orffstraße 22–24, +49 (0)89 161 160
www.ruffini.de
Das älteste Genossenschaftsgastronomieprojekt Münchens bietet neben ausgewählten Speisen und sehr guten Weinen auch besondere Kulturveranstaltungen an.

Eiskonditorei Sarcletti
Im Sommer täglich 9–23.30
Nymphenburger Straße 155, +49 (0) 89 155314
www.sarcletti.de
Umgeben von Siebzigerjahre-Retrostil sind bei Scarletti das ausgezeichnete Eis oder die selbst gemachten Torten und Kuchen ein besonderer Genuss.

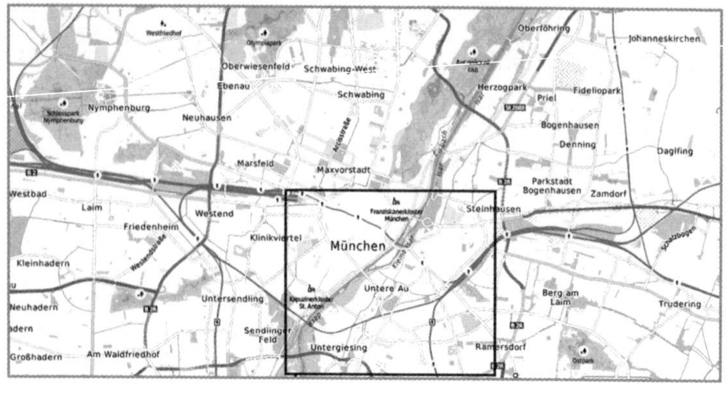

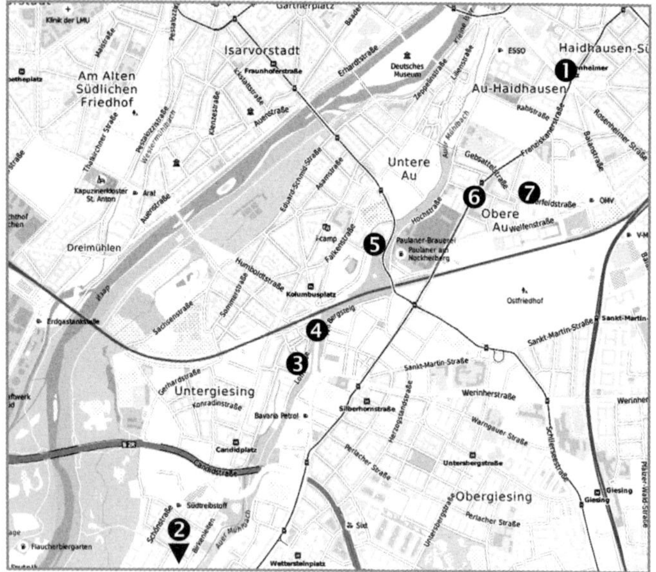

Von Harlaching über Giesing zum Rosenheimer Platz

1. *Rosenheimer Platz*
2. *Harlachinger Einkehr*
3. *Giesinger Bräu*
4. *Heilig-Kreuz-Kirche*
5. *Kronepark*
6. *Regerplatz*
7. *Galerie-Café Käthe*

Genusswandern am östlichen Isarhochufer

Von Harlaching über Giesing bis zum Rosenheimer Platz

Zur Abwechslung gestalte ich einen Spaziergang sozusagen als Rundwanderung; er beginnt und endet am Rosenheimer Platz. Ich steige hier in die Tram 25 Richtung Grünwald, fahre an der Franziskanerstraße, Regerstraße, Tegernseer Landstraße entlang, am Ostfriedhof vorbei nach Giesing und komme in die Grünwalder Straße, wo ich nach einer geruhsamen halben Stunde an der Haltestelle Tiroler Platz aussteige. Vom Tiroler Platz gehe ich gleich rechts in der Karolingerallee Richtung Zoo bis zum Wirtshaus Harlachinger Einkehr am Isarhochufer. Die Harlachinger Einkehr ist eine alte bayerische Gastwirtschaft mit großem Biergarten, die noch aus dem neunzehnten Jahrhundert stammt und heute mit einzigartiger Aussicht auftrumpfen kann: Vom Biergarten aus kann man auf das Gelände des Münchner Tierparks Hellabrunn hinunterschauen. Ich gehe allerdings in die alte Wirtsstube, widerstehe dem überaus verlockenden Speise- und Getränkeangebot und bestelle einen Kaffee und eine Bayerische Creme. Beim Hinausgehen werfe ich noch einen bewundernden Blick in die alten Stuben mit dem schönen Deckenschmuck und nehme mir vor, die nächste größere Geburtstagsfeier hier zu planen. Vor

Wirtshaus Harlachinger Einkehr

dem Haus beginnt ein Rad- und Fußweg, die Harlachinger Straße, die ich gleich beschreiten werde; als Erstes betrachte ich aber noch auf gleicher Höhe, nur wenige Meter von der Straße Harlachinger Berg entfernt, das Wallfahrtskirchlein St. Anna Harlaching. Hier befand sich das Zentrum des alten Harlaching, das um 1290 aus dem Kirchlein, einer Mühle und fünf kleinen Halb- und Viertelhöfen bestand und im Besitz des Klosters Tegernsee war.

Der Weg, den ich jetzt gehe, ist ein Weg ganz im Grünen. Links fällt das Gelände steil ab, der Hang mit Bäumen und Sträuchern wird zuerst vom Harlachinger Quellbach und dann vom Auer Mühlbach begrenzt. Aber auch auf der rechten Seite überwiegt das Grün: Die Villen sind von üppig bepflanzten Gärten umgeben. Man sieht vom Hochufer – sofern es die Belaubung der vielen Bäume zulässt – auch gut auf die Stadt hinunter. Unübersehbar ist jedenfalls das Heizkraftwerk Süd mit seinen fünf Türmen. Bald lädt mich ein Schild ein, das schön gelegene Gasthaus Siebenbrunn – mit obligatorischem Biergarten – zu besuchen. Ich kann aber beim besten Willen nicht schon wieder einkehren, möchte auch meinen Spazierweg nicht verlassen, ich widerstehe der Einladung und gehe am

Isarhochufer weiter. Noch ein Stück weiter wird rechtsseitig die Schön-Klinik sichtbar – die keineswegs ein Schönheits-Institut ist, sondern eine orthopädische Klinik –, links taucht ein Zwiebelturm mit Nebentürmchen auf. Der Zwiebelturm markiert das Kloster vom Templerorden, das gleich unter der Isarkante in Untergiesing im Ortsteil Birkenleiten beheimatet ist. Der Name Birkenleiten benennt einen steilen Hang – eine Leite –, der mit Birken bewachsen ist. Weiter geht's, bald komme ich zur Abzweigung eines Wegs, der Drumberg heißt. An dieser Stelle soll eines angemerkt werden: Die meisten „Berg"-Zuschreibungen in München sind metaphorisch zu betrachten; die Isarhangkante bzw. das Isarhochufer ist einfach kein Berg. Man bewältigt auch keine Bergbesteigung, wenn man von einem Flussbett kommend ein steiles Ufer hinaufgeht. Drumberg, Giesinger Berg, Gebsattelberg sind geografische Markierungen, Bezeichnungen für erhöhte Orte am östlichen Hochufer der Isar. Höhenunterschiede gibt es aber sehr wohl: Wenn man auf der S-Bahn-Stammstrecke Richtung Ostbahnhof fährt, merkt man, dass es vor dem Rosenheimer Platz leicht bergauf geht, da die S-Bahn davor immer ein wenig ruckartig beschleunigt, um die Steigung zu nehmen.

Man könnte hier den Drumberg-Weg zum Auer Mühlbach nach Birkleiten hinuntergehen, ich bleibe aber in der Höhe und spaziere weiter bis zum Grünwalder Stadion des TSV 1860, dessen Türme mit den Lautsprecheranlagen man schon von Weitem sehen kann. Das Fußballstadion wurde 1911 vom Münchner Turn- und Sportverein 1860 gebaut und war lange Heimat des TSV 1860 München, des ewigen Rivalen vom berühmtesten Fußballverein der Stadt: FC Bayern München. Ich halte mich links und komme am Ende des Sechz'ger-Stadions zum Heinrich-Zisch-Weg, der als Fußgängerbrücke die darunter verlaufende Candidstraße überquert und dann in die Bergstraße mündet. Weiter geht's auf dem Isarhochufer, unten fließt der Auer Mühlbach, rechts stehen Wohnhäuser. Die

Bergstraße endet direkt an der Evangelisch-lutherischen Lutherkirche München (gelegen natürlich an der Martin-Luther-Straße) und beim Giesinger Bräu, einer feinen Biermanufaktur, in der man hervorragendes selbst gebrautes Bier in vielen Variationen verkosten und dazu auch sehr gut essen kann.

Ich nehme auf der kleinen Terrasse Platz und bestelle zur Stärkung ein Giesinger Märzenbier und eine Brotzeit, einen selbst gemachten Obatzten. Direkt im Blick habe ich die Krone des Giesinger Bergs, die Giesinger Kirche. Neben der neugotischen Heilig-Kreuz-Kirche stand bis 1888 die alte romanische Dorfkirche. Da das alte Kirchlein für die wachsende Bevölkerung zu klein wurde, beschloss man einen Kirchenneubau, der von Georg von Dollmann 1866–1886 ausgeführt wurde. Man kann sich gar nicht mehr vorstellen, wie vor 80 Jahren der alte Dorfkern von Giesing ausgeschaut hat. Die Martin-Luther-Straße, die heute am Giesinger Bräu vorbei verläuft, gab es gar nicht, stattdessen standen hier Bauernhöfe. Das alte Giesing war ein Mischung aus Bauernhöfen, Gastwirtschaften und Fabriken und wurde um 1934 mit dem Durchbruch der Martin-Luther-Straße vom Giesinger Berg zur Tegernseer Landstraße völlig verändert. Erstmals erwähnt wurde Giesing schon 708 als Keysinga – als Siedlung eines Kyso oder Keyso. Es gibt jedoch noch ältere Siedlungshinweise für Giesing und Harlaching: Bei Grabungsarbeiten wurden hier ganz in der Nähe, an der Ecke Tegernseer Landstraße/Ichostraße Bajuwarengräber aus der Zeit zwischen 580 und 730 entdeckt. Und in Harlaching stieß man auf Hockergräber aus der Bronzezeit mit Funden, die gar auf eine Besiedelung um ca. 1800 v. Chr. schließen lassen.

Sehr zufrieden verlasse ich nach einiger Zeit das Giesinger Bräu, wende mich nach links und versuche, das unübersichtliche Straßengewirr zu überqueren, um zur Heilig-Kreuz-Kirche zu gelangen. Es treffen hier mehrere Straßen aufeinander,

Schmederersteg

doch ein Zebrastreifen, auf dem man gefahrlos die Straßen überqueren könnte, ist weit und breit nicht zu sehen. Nach längerem Suchen entdecke ich nach dem Giesinger Bräu auf dem Gehsteig das blaue Schild „Poißlweg“ und vor dem Poißlweg eine kleine blaue Tafel, die verschämt eine Fußgängerunterführung anzeigt. Ich gehe einige Stufen hinunter und entdecke die versteckte Fußgängerunterführung, die nun die Straßenquerung unterirdisch ohne Lebensgefahr möglich macht. Einmal rechts, einmal links, schon komme ich vor der Giesinger Kirche wieder an die Oberfläche.

Die Heilig-Kreuz-Kirche Giesing hat von allen Kirchen Münchens die schönste gotische Ausgestaltung. Im Vergleich mit den zwei anderen großen neugotischen Kirchenbauten – St. Johann Baptist in Haidhausen und der Mariahilfkirche in der Au – ist die Giesinger Kirche mit ihrer Helligkeit, der feinen Deckengestaltung und den geschnitzten Altären mit ihren Bildgeschichten tatsächlich ein Ort, an dem Himmel und Erde sich berühren.

Aus der Kirche hinaustretend wende ich mich gleich nach rechts, zur Straße Am Bergsteig, die nach einer Rechtskurve weiter an der Hangoberkante entlangführt, während sich ein

Stück unterhalb Gleisanlagen der Bahn befinden. Ich gehe bis zum Schmederersteg und überquere auf dem Schmederersteg die Gleisanlage. Nach der Brücke heißt der Weg Schmedererweg, der in den Kronepark mit viel Grün und einem Kinderspielplatz führt. Vor den Kindern spielten im Kronepark übrigens die Münchner Cowboys vom Cowboy Club München, der nach dem Krieg hier kurzzeitig beheimatet war. Der 1869 errichtete Schmederersteg ist einer der ältesten noch erhaltenen Brückenstege Münchens, benannt wurde er nach Ludwig Schmederer, dem ehemaligen Besitzer der Paulaner Brauerei. Vom Kronepark führt der Schmedererweg über die Straße Am Nockherberg weiter in die Hochstraße, direkt zum Tor des Paulaner Biergartens. Der Nockherberg ist in München berühmt fürs „Derblecken", das beim Starkbieranstich in der Fastenzeit im Paulaner am Nockherberg stattfindet. Das Derblecken ist eine Münchner Spezialität: Ministerpräsident, Bürgermeister und andere Politikerinnen und Politiker werden mit Parodie, Schmährede und Singspiel von wechselnden Schauspielern und Satirikerinnen scharf kritisiert.

Ich setze mich nicht in den Biergarten, biege stattdessen links in die Hochstraße ein und gehe am Paulaner vorbei Richtung Gebsattelbrücke. Geografisch befinde ich mich auf dem Teil der Isarhangkante, der Nockherberg heißt; durch die erhöhte Lage bietet sich ein schöner Blick auf München. Gleich nach dem Paulaner befindet sich links ein Aussichtsbalkon mit Bänken. Von hier aus sehe ich die Spitzen von Münchens zentralen Gebäuden: die Türme der Frauenkirche, den Turm von St. Peter und den Turm vom Neuen Rathaus. Links unten befindet sich der Auer Mühlbach und etwas dahinter das Zentrum der Au, der Mariahilfplatz mit der neugotischen katholischen Mariahilfkirche. Wie viele Kirchen Münchens wurde die Mariahilfkirche im Zweiten Weltkrieg schwer beschädigt; was wir heute sehen, wurde nach und nach bis in die Achtzigerjahre dank Spenden der Auer Bevölkerung restauriert und erneuert. Am Mariahilfplatz wird übers Jahr verteilt dreimal – im Mai, im Hochsommer und im Oktober – die Auer Dult veranstaltet, ein Volksfest mit vielfältigem Angebot an Ständen und Kulinarik für jedermann. Durch ihre nostalgische und heimelige Atmosphäre ist die Auer Dult immer einen Besuch wert.

Weiterspazierend komme ich kurz darauf zur Ecke Pöppelstraße/Hochstraße, an der sich das Hotel Prinz befindet. Ich gehe durch die Pöppelstraße bis zur Regerstraße, an der links gleich der Regerplatz mit seiner mittig platzierten schönen Brunnenanlage liegt. Der Reiherbrunnen wurde 1899 vom Architekten Theodor Fischer und dem Bildhauer Joseph Flossmann entworfen und errichtet. Ich biege rechts in die Drächslstraße ein und gehe bis zum Zita-Zehner-Platz, an dem imposante dreigeschossige Bürgerhäuser der Jahrhundertwende stehen, außerdem liegt hier das Galerie-Café Käthe. In dem gemütlich, im Retrostil eingerichteten Café Käthe gibt es nicht nur ausgezeichneten Kaffee samt Kuchen, sondern auch Lesungen und wechselnde Ausstellungen. Hier trinke ich einen Kaffee und gehe dann über die Schornstraße in die

Galerie-Café Käthe

Franziskanerstraße und von dort zur Kreuzung Franziskanerstraße/Rablstraße. Hier drängen sich gleich drei feine französische Restaurants, von denen besonders das Atelier Gourmet zu empfehlen ist. Ich biege rechts ab in die Rablstraße, gehe bis zur Ecke Balanstraße und stoße hier auf den Klinglwirt, eine Gastwirtschaft mit bayerischer Hausmannskost, die Produkte aus der Region verwendet. In der Balanstraße statte ich noch Thomas in der Buchhandlung Lentner einen kurzen Besuch ab. Thomas, ein italophiler Münchner, schafft in seiner Buchhandlung mit Kaffee und Wein eine wunderbar entspannte Atmosphäre. Bei einer Tasse Cappuccino oder einem Glas Wein lässt man sich von Thomas und Caroline gern die neuesten Buchschmankerl empfehlen.

Und von der Buchhandlung Lentner sind es nur noch ein paar Minuten zum Rosenheimer Platz, wo der Spaziergang heute seinen Ausgang genommen hat. Ich beende den Spaziergang dann mit einem guten Bier im Café Haidhausen, das am Anfang der Franziskanerstraße liegt, die hier am Rosenheimerplatz beginnt.

Zum Besuchen

Heilig-Kreuz-Kirche Giesing
9–19 Uhr
Ichostraße 1, +49 (0)89 693 65 88-0
www.hl-kreuz-giesing.de/
Die Helligkeit dieser schönsten neugotischen Kirche Münchens überrascht und begeistert.

Zum Genießen

Harlachinger Einkehr
Mo–So 9–1 Uhr
Karolinger Allee 34, +49 (0)89 64 20 90 93
www.harlachinger-einkehr.de
Das alte Vorstadtwirtshaus bietet schöne alte Räume und gute bayerische Küche.

Giesinger Bräu
Mo–Do 11–23 Uhr
Fr, Sa 11–24 Uhr
So 10–22 Uhr
Martin-Luther-Straße 2, +49 (0)89 55 062 184
www.giesinger-braeu.de
Der Besuch dieses neuen Brauhauses mit angeschlossener Gastwirtschaft ist nicht nur für Fans von einheimischer Bierkultur ein Gewinn.

Galerie-Café Käthe
Di–Fr 8–19 Uhr
Sa, So 9–19 Uhr
Gebsattelstraße 34, +49 (0)89 120 10 985
cafekaethe.blogspot.de/
Das besondere Café, liebevoll eingerichtet, zum Verweilen und Entspannen.

Klinglwirt
Mo–Sa 17–24 Uhr
So 11–23 Uhr
Balanstraße 16, +49 (0)89 85676199
klinglwirt.boris-bergmann.com/
Hier wird gute regionale Küche mit Fleisch aus biologischer Aufzucht im angenehmen Ambiente freundlichst serviert. Im Sommer gibt es andere Sonntagsöffnungszeiten.

Café Haidhausen
Mo-So 10-1 Uhr
Franziskanerstraße 4, + 49 (0) 896886043
Ein beliebter Frühstückstreff nicht nur für Haidhausner.

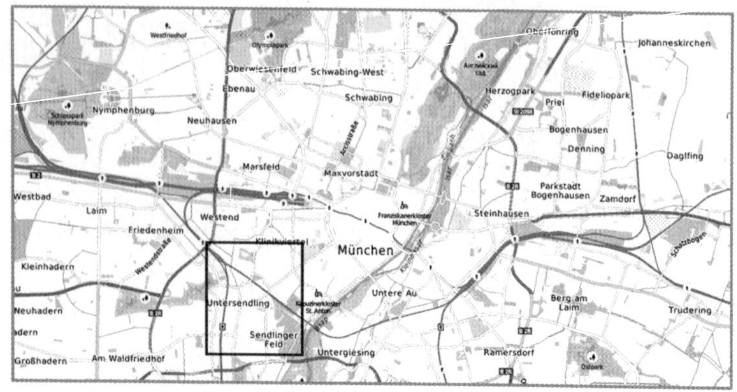

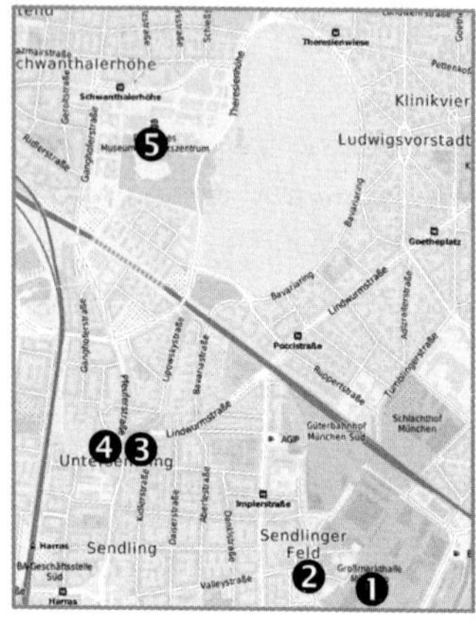

Von der Großmarkthalle über die Sendlinger Kirche zur Bavaria

1. *Großmarkthalle*
2. *Maria-Probst-Realschule*
3. *Sendlinger Kirchplatz*
4. *Stemmerhof*
5. *Wirtshaus am Bavariapark*

Sendling

Von der „Alten Utting" über die Sendlinger Kirche bis zur Bavaria

Der Spaziergang im alten Arbeiterbezirk Sendling beginnt mit einem besonderen Münchner Schmankerl: Auf einer stillgelegten Eisenbahnbrücke, gleich neben dem Großmarkt, befindet sich der Hafen des Schiffes „Alte Utting". Der Ausflugsdampfer MS Utting war jahrzehntelang am Ammersee im Einsatz und sollte bereits verschrottet werden, bevor eine rührige Initiative dieses Schiff nun als Restaurant und Kulturort nach Sendling brachte. Das Schiff ist mit seinen vielen Räumen Frühstückscafé, Café, Mittagsrestaurant, Biergarten und Kulturveranstaltungsort in einem und ein guter Ausgangspunkt für den Spaziergang. Von dem erhöht liegenden Schiffsdeck aus erhält man auch eine gute Aussicht auf den Bezirk. Wir fahren entweder mit dem Bus 132 oder 62 in die Lagerhausstraße. Auf der gegenüberliegenden Seite der Busstation liegt das Schiff auf der Eisenbahnbrücke. Nachdem ich das Gesamtkunstwerk „Alte Utting" ausgiebig besichtigt und mich kulinarisch gestärkt habe, gehe ich zurück zur Thalkirchner Straße und entlang der Mauer vom Großmarkt bis zur Einmündung Tumblingerstraße. Hier biege ich links ab und gehe die auch links abbiegende Thalkirchner

Alte Utting

Straße weiter bis zum Eingangsbereich der Großmarkthalle, die zu den wichtigsten Großhandelsmärkten für Blumen und Lebensmittel in Europa gehört. Halle 1 hat noch das originale Giebeldach, die anderen Hallen wurden im Krieg zerstört und bekamen danach Flachdächer. Von hier aus hat man einen schönen Blick auf die Türme der Frauenkirche, die Türme der St.-Korbinian-Kirche und die Kamine des Heizkraftwerks Süd. Da die Großmarkthalle zwar eine interessante architektonische Ikone der Münchner Wirtschaftsgeschichte ist, aber für Privatpersonen nicht zugänglich, gehe ich links die Thalkirchner Straße entlang, vorbei an der Trattoria Gennaro Bussone, folge der leichten Linkskurve, registriere dann links die Kochelseestraße und rechts den malerischen Gotzinger Platz mit der Kirche St. Korbinian und der Städtischen Maria-Probst-Realschule. Die Maria-Probst-Realschule wurde 1907 nach Plänen von Hans Grässel erbaut, damals noch mit zwei seperaten Trakten, um die Schüler nach Konfessionen zu trennen. Ein später berühmter Schüler war der Münchner Journalist Sigi Sommer, der in der Münchner Abendzeitung 40 Jahre lang seine Kolumne Blasius, der Spaziergänger publizierte.

Richtung Kochelseestraße blickend, sehe ich das Kontorhaus Brunthaler, das einst mit einem Pinguinwandgemälde auffiel, welches nun mit einem technischen Motiv, einem Gabelstapler, übermalt wurde. Im Bereich der Großmarkthalle stehen mehrere Kontorhäuser, sie wurden und werden von kleineren Einzelfirmen genutzt, jedes Zimmer beherbergt eine andere Firma. Am Ende der Kochelseestraße liegt die beliebte Gastwirtschaft der Großmarkthalle, die Gaststätte Großmarkthalle, die nicht nur von den Beschäftigten in der Großmarkthalle, sondern auch von der Bevölkerung aus dem Viertel gern besucht wird. Ich gehe nun vom Gotzinger Platz die Thalkirchner Straße zurück bis zur Einmündung Gotzinger Straße und zweige in die Gotzinger Straße ab. Hier in der Gotzinger Straße 52–54 steht der älteste Gewerbehof Münchens, der Fruchthof. Heute gehört das Gebäude der Stadt, 1910/11 wurde es als privates Fruchthandelshaus errichtet. Es bot nicht nur Geschäftsräume, sondern auch Wohnungen für Bedienstete; an der Hauswand schildert eine Hinweistafel die Geschichte des Hauses.

In der Gotzinger Straße geht es weiter, ich überquere die Oberländerstraße, biege an der nächsten Ecke links in die Kyreinstraße ein, gehe bis zur Implerstraße und stoße rechts auf die Implerschule. Die Implers lebten im vierzehnten Jahrhundert und waren ein süddeutsches Patriziergeschlecht mit großem Reichtum. Die Implerstraße ist nach der Familie benannt, ebenso die von Hans Grässel entworfene, 1911 eröffnete Implerschule. An der Schulwand erinnert eine Gedenktafel daran, dass die Implers sich sehr für die Armen und Kranken der Stadt München einsetzten. Vor der Schule überquere ich die Implerstraße, der Schule gegenüber beginnt die Alramstraße. Ausgiebig an den schönen mehrgeschossigen Jugendstilhäusern hinauf- und entlangschauend, gehe ich die Alramstraße entlang – glücklicherweise ist der Gehsteig recht breit – und komme nach der Überquerung der Aberlestraße zur Daiserstraße, wo ich rechts abbiege.

Inschrift Implerschule

Die Daiserstraße mit der Sendlinger Kulturschmiede im südlichen Abschnitt, die verschiedene Veranstaltungen, Ausstellungen und Lesungen anbietet, ist das kulturelle Zentrum von Sendling. Die Flagge des Geistigen hält auch die Sendlinger Buchhandlung hoch, die hier gleich neben dem Sendlinger Augustiner liegt. Wie immer werde ich von den Büchern unwiderstehlich angezogen und statte der Buchhandlung, die ein feines Generalsortiment und natürlich auch Sendlinger Heimatbücher wie Sigi Sommers *Sendlinger G'schichten* anbietet, einen kurzen Besuch ab.

Etwas später aus der Buchhandlung wieder heraustretend, gehe ich links bis zur Ecke Lindwurmstraße. Hier verlangsamen am Boden eingelassene Stolpersteine den Schritt; sie erinnern an die jüdischen Münchner Bürger Emanuel und Sophie Guttmann, die an dieser Stelle – Lindwurmstraße 205 – ein Kaufhaus für Lederwaren besaßen und von den Nationalsozialisten im KZ Theresienstadt ermordet wurden. Das Haus wurde 1897–99 im Renaissancestil erbaut und vor einigen Jahren aufwendig restauriert.

In der Lindwurmstraße, die zum Sendlinger Berg führt und hier leicht ansteigt, gehe ich nur ein kleines Stück bis zur

Ecke Kidlerstraße. Der Sendlinger Berg ist geografisch natürlich kein wirklicher Berg, sondern die westliche Hangkante des Isarhochufers. Auf der gegenüberliegenden Straßenseite entdecke ich ein Lokal namens Stenz und fühle mich sofort an den Monaco Franze, den ewigen Münchner Stenz, erinnert.

In der Kidlerstraße gelange ich nach wenigen Metern zum Sendlinger Kirchplatz. Links sehe ich etwas weiter den Kirchturm der evangelischen Himmelfahrtskirche, die um die Jahrhundertwende in der Kidlerstraße erbaut wurde. Auf dem Sendlinger Kirchplatz befinde ich mich an der Rückseite der alten Sendlinger St.-Margareth-Kirche, die etwas oberhalb steht.

Sendling wurde erstmals 782 in einer Schenkungsurkunde als „Sentilinga“ erwähnt – als „Siedlung des Sendilo. Aus der Siedlung wurde ein Dorf, und im Laufe der Jahrhunderte entstanden mehrere Sendlings mit den Ortskernen Untersendling, Mittersendling und Obersendling. Die ältere St.-Margareth-Kirche bildet den Ortskern des heutigen Untersendling. Aber wie in Giesing fanden sich auch hier Spuren von früherer Be-

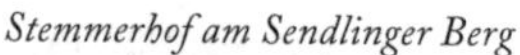
Stemmerhof am Sendlinger Berg

siedlung: An der Plinganserstraße weisen Funde aus Hockergräben darauf hin, dass hier schon um 2000 v. Chr. Menschen lebten.

Ich gehe vom Sendlinger Kirchplatz den Fußweg zum Kirchlein hinauf und stoße wieder auf die verkehrsreiche Lindwurmstraße, die hier in die Plinganserstraße mündet – und auf Sendlinger Geschichte. Vor mir liegt das Denkmal des Schmieds von Kochel, hier am Schauplatz der Sendlinger Mordweihnacht. Bei einem Volksaufstand gegen die österreichische Besatzung Bayerns wurden am 25. Dezember 1705 in Sendling über tausend Volksaufständler – vorwiegend Bauern und Handwerker – ermordet. Die Aufständischen, die sich im damaligen Dorf Sendling verschanzt hatten, hatten sich der kaiserlichen Armee schon ergeben und wurden trotzdem getötet, der sagenhafte Schmied von Kochel soll als Letzter gefallen sein. Ein großes Gemälde an der Außenwand der Kirche, das Denkmal und die umliegenden Straßennamen, die nach den Anführern der Aufständischen – Aberle, Alram, Daiser, Senser und Plinganser – benannt sind, erinnern an diese Nacht. Historisch nachweisen lässt sich für diesen Aufstand kein Schmied aus Kochel. Da sich der Gerichtsbezirk Murnau mit dem Ort Kochel nicht an dem Aufstand beteiligte, war dieser Schmied höchstwahrscheinlich Balthasar Riesenberger, ein Eisenschmied aus Neukirchen.

Gegenüber der alten St.-Margareth-Kirche steht an der Plinganserstraße der Stemmerhof, einer der ältesten Bauernhöfe Münchens, der bis in die 1990er-Jahre als Milchbauernhof bewirtschaftet wurde. Ich gehe über die Straße auf den Marktplatz des Stemmerhofs, der inzwischen mit Platz, Hauptgebäude, Nebengebäude und Scheunen zu einem ökologischen Einkaufsort mit Gastronomie- und Kulturbetrieb umgestaltet wurde. Neben biologischen Produkten, die man in den verschiedenen Läden kaufen kann, gibt es auch Musikveranstaltungen und eine Schreibwerkstatt. Das Restaurant ist in der

Bavaria-Statue mit der Ruhmeshalle

ehemaligen Scheune untergebracht, der ländliche Charakter ist noch deutlich spürbar.

Ich überquere die Plinganserstraße und gehe auf dem Daumillerweg durch eine kleine Parkanlage. Der Daumillerweg mündet in die Lipowskystraße, eine ruhige Wohnstraße mit Villen und kleineren Wohnanlagen. Sie führt an der westlichen Hangkante der Isar entlang bis zur Radlkoferstraße; auf der Bavariabrücke können die Bahngleise überquert werden. Jetzt heißt die Straße Theresienhöhe – und folgerichtig beginnt hier schon die Theresienwiese. Ich gehe weiter, bis rechts die Hans-Fischer-Straße abzweigt, und komme auf die Theresienwiese. Am linken Rand der Theresienwiese – die längst keine Wiese mehr ist – spaziere ich weiter bis zur Bavaria mit Ruhmeshalle. Da auf dem Platz gerade weder das Oktoberfest noch das Frühlingsfest tobt, ist die riesige Fläche leer, und ich genieße im Gehen das Panoramabild mit Blick auf die Türme der Frauenkirche und der St.-Pauls-Kirche. Jetzt zeigt sich die erhöht stehende, dreißig Meter hohe, überaus imposante Bavaria-Statue mit der Ruhmeshalle. Das Ensemble wurde im Auftrag König Ludwigs I. von Leo von Klenze in den Jahren 1843 bis 1853 in Anlehnung an griechische Tempelanlagen erbaut.

Für die Errichtung der aus Bronze gegossenen Bavaria-Statue schloss Klenze Verträge mit einheimischen Künstlern und Handwerkern ab: dem Bildhauer Ludwig von Schwanthaler und den Erzgießern Johann Baptist Stiglmaier und Ferdinand von Miller d. Ä. In der Ruhmeshalle, die als Nationaldenkmal für Bayern gedacht ist, sind derzeit 107 Büsten von bayerischen Persönlichkeiten ausgestellt, darunter nur vier Frauen: die Schriftstellerin Lena Christ, die Schauspielerin Clara Ziegler, die Mathematikerin Emmy Noether und die Forschungsreisende Therese von Bayern. König Ludwig I. ließ auch die Ruhmeshalle Wahlhalla bei Regensburg erbauen, die das Andenken großer Deutscher hochhält, während die Münchner Ruhmeshalle sich auf die bayerischen Größen beschränkt. Auf der Rückseite der Bavaria befindet sich ein Eingang zu einer Wendeltreppe, die bis in den Kopf der Bavaria führt. Ich steige hinauf und erfreue mich oben am herrlichen Ausblick auf München.

Aus der Bavaria kommend, benutze ich den hier rechts beginnenden Weg, der nach einigen Metern in die Straße Theresienhöhe mündet. Gegenüber befindet sich der

Verkehrszentrum des Deutschen Museums

Bavariapark mit der alten Kongresshalle und dem Verkehrszentrum des Deutschen Museums. Da ich nun etwas durstig und hungrig bin, besuche ich das Wirtshaus am Bavariapark, das sich etwa 150 Meter entfernt auf der Hinterseite des alten Kongresshauses befindet. Nach der hausgemachten Brotzeit bewundere ich noch die hier am Rande des Bavariaparks stehende große Schneckenskulptur. Die amerikanischen Künstler Jason Rhoades und Paul McCarthy haben mit ihrer 4,50 Meter hohen Skulptur „Sweet Brown Snail" dem Zeitalter der unbegrenzten Beschleunigung ein Symbol der Langsamkeit entgegengesetzt. Danach verlasse ich das Gelände des Verkehrsmuseums, halte mich links und bin per Heimeranstraße in fünf Minuten bei der U-Bahn-Station Schwanthalerhöhe.

Zum Besuchen

Bavaria und Ruhmeshalle
Theresienhöhe 16
April bis 15. Oktober 9–18 Uhr
16. Oktober bis März geschlossen
Die Bavaria ist Deutschlands einzig begehbare Bronzestatue. Diese gelungene weibliche Allegorie auf Bayern weist mit dem Eichenkranz in der Hand auf Ruhm und Kunst hin.

Alte Utting
Lagerhausstraße 15, +49 (0)89 707770
Mo–Mi 16–24 Uhr, Do 16–1 Uhr, Fr 15–2 Uhr, Sa 10–2 Uhr, So 10–22 Uhr, ganzjährig täglich geöffnet
www.alte-utting.de
Mitten in München auf Schiffsplanken entspannen.

Zum Genießen

Gaststätte Großmarkthalle

Kochelseestraße 13, +49 (0)89 764531
Mo–Fr 7–17 Uhr
Sa 7–13 Uhr
Faschingsdienstag, Heiligabend, Silvester 6–13 Uhr
www.gaststätte-grossmarkthalle.de
Die Gaststätte ist berühmt für Wurstsorten aller Art: von der Wollwurst über Milz- und Schweins- bis zur Weißwurst.

Stemmerhof

Läden für Lebensmittel, Bekleidung und Schmuck, Restaurant und anderes; unterschiedliche Öffnungszeiten zwischen 8 und 1 Uhr, je nach Institution
Plinganserstraße 6, +49 (0)89 76 75 59 60
www.stemmerhof.de
Das Motto des Stemmerhofes, des schönsten Dorfplatzes von München, ist „gemütlich einkaufen“. Anschließend kann man dann im Restaurant oder bei dem kleinen, aber feinen italienischen Spezialitätengeschäft Sapori Originali gemütlich essen und trinken.

Wirtshaus am Bavariapark

Theresienhöhe 15, +49 (0)89 452 11 691
Mo–Fr 11–24 Uhr
Sa–So 10–24 Uhr
www.wirtshaus-am-bavariapark.com
Das bayerische Wirtshaus liegt auf dem ehemaligen Kongressgelände der Stadt München und hat einen feinen Biergarten.

Schloss Blutenburg

An der
Würm entlang

Zur schönsten Bücherburg Münchens: Schloss Blutenburg

Während die mächtige Isar mit ihren Isarauen, Rad- und Gehwegen ein gern und viel genutzter Freizeitraum für Einheimische und Gäste ist, führt die kleinere Würm im Westen der Stadt, im Stadtteil Pasing-Obermenzing, ein ruhigeres Dasein. Die Würm bietet aber die Gelegenheit, einen wunderschönen Spaziergang zum Schloss Blutenburg zu machen.

Ich fahre mit der S-Bahn bis Pasing und halte mich, nachdem ich auf dem Bahnhofsvorplatz herausgekommen bin, rechts und gehe die Kaflerstraße entlang. Bald komme ich an einem roten Ziegelbau vorbei, einem ehemaligen Wasserpumpwerk, das von Friedrich Bürklein, dem Planer der Maximilianstraße und zahlreicher Bahnhofsgebäude, 1854 erbaut wurde und heute als Restaurant genutzt wird.

Und dann taucht die Würm auf; rechts beginnt der Hermann-Hesse-Weg, der nun fast ununterbrochen an der Würm entlang bis zur Blutenburg führt. Ich gehe durch die Unterführung bei den Bahnanlagen und stoße bald auf die Theodor-Storm-Straße, die ich überquere, es geht immer weiter die Würm entlang, bis ich auf den Schirmerweg stoße. Hier gibt es einen Übergang und ich sehe links die kleine Kirche

Hermann-Hesse-Weg

St. Wolfgang, ich bleibe aber am rechtsseitigen Würmufer und folge weiter dem Hermann-Hesse-Weg Richtung Blutenburg. Bald werden die Häuser spärlicher, die Würm schlängelt sich unter Bäumen durch, und nach einem wunderschönen, gemächlichen Spaziergang taucht die Blutenburg auf, malerisch von einer Parkanlage samt Teich umgeben und von der Würm umflossen. Ich halte mich rechts, gehe an der Burgmauer und am Teich entlang und entdecke hinter dem Teich ein Mahnmal, das an den Todesmarsch der Häftlinge des Konzentrationslagers Dachau erinnert. Am Eingangstor zur Blutenburg angekommen sehe ich das Informationsschild: *„Blutenburg Schloß und Kirche. Neubau des Schlosses vollendet 1439. Kirche erbaut 1488 im Auftrag Herzog Sigmunds."*

Aus einer ehemaligen Burganlage aus dem dreizehnten Jahrhundert mit Wehrtürmen und Mauern wurde im fünfzehnten Jahrhundert also ein Schloss mit Sälen, Schlosskirche und Stallgebäude. Woher der Name kommt, ist nicht genau geklärt; die erste nachgewiesene Nennung der „Pludenburg" findet man aber am 14. März 1432. Die lange im Besitz der Wittelsbacher befindliche Schlossburg, die von den bayerischen Herzögen hauptsächlich als Jagdschloss genutzt wurde, ist heute der Sitz der Erich-Kästner-Gesellschaft und beherbergt das Michael-Ende-Museum, den James-Krüss-Turm, das Erich-Kästner-Zimmer, das Binette-Schroeder-Kabinett und die Internationale Jugendbibliothek.

Diese Bibliothek ist die weltweit größte Bibliothek für Kinder- und Jugendbücher und bietet laufend Ausstellungen und Veranstaltungen. 1949 wurde sie von Jella Lepman (1891–1970) gegründet. Die jüdische Journalistin, Autorin und Übersetzerin war 1936 nach England emigriert und 1945 als Beraterin der US-Armee nach Deutschland zurückgekehrt. Ihre besondere Aufmerksamkeit und ihr fantasievolles Engagement galten der Kinder- und Jugendliteratur. Jella Lepman glaubte unerschütterlich daran, dass Literatur den Blick weitet, Empathie und Verständnis schafft und daher einen entscheidenden Beitrag in der Erziehung zur Toleranz leistet. Sie verfasste Kinderbücher, fungierte als Herausgeberin und lieferte den Anstoß für Erich Kästners berühmte Konferenz der Tiere.

Nachdem ich die Studienbibliothek, den James-Krüss-Turm und das Michael-Ende-Museum besucht habe, stärke

Todesmarsch der Häftlinge aus dem KZ Dachau

ich mich in der Schlossschänke mit Kaffee und Kuchen. Abschließend besuche ich noch die Schlosskapelle und bin überrascht von diesem spätgotischen Kleinod.

Von der Blutenburg aus kann man mit dem Bus 160 Richtung Maria-Eich-Straße nach Pasing Bahnhof Nord fahren oder nochmals den halbstündigen Spaziergang an der Würm entlang zurück zum Pasinger Bahnhof machen.

Zum Besuchen

Internationale Jugendbibliothek
Schloss Blutenburg
Seldweg 15, +49 (0)89 12110
Mo–Fr 10–16 Uhr, Sa–So 14–17 Uhr
Diese Öffnungszeiten gelten nicht für alle Ausstellungsbereiche, für genauere Information bitte auf der Homepage nachsehen.
www.ijb.de
www.blutenburg.de
Schloss Blutenburg, mit seiner wunderbaren Lage an der Würm, der Jugendbibliothek, den Kinderbuchausstellungen und der guten Schlossschänke begeistert Jung und Alt.

Stadtdurchquerungen mit der Straßenbahn

Pasing – Ostpark mit der Tram

Um nach Pasing zu kommen, nehme ich die S-Bahn; da Pasing an der Münchner S-Bahn-Stammstrecke liegt, fahren die meisten S-Bahnen, die in den Westen führen, über Pasing.

Pasing ist, wie zahlreiche ehemalige Dörfer, aus denen das heutige München besteht, älter als München selbst. Urkundlich wird Pasing erstmals am 29. Juni 763 erwähnt, und zwar schenkte der adelige Grundherr Reginperth dem Freisinger Bischof die „villa Pasingas". 1818 wurde Pasing zur Gemeinde, 1905 zur Stadt erhoben. Am 1. April 1938 erfolgte die Zwangseingemeindung nach München. Heute bildet Pasing mit Obermenzing das 21. Stadtviertel von München.

Am Pasinger Bahnhof steige ich aus, gehe über dem Vorplatz und – um das Zentrum von Pasing, den Pasinger Marienplatz zu würdigen und vor der Tramfahrt noch ein wenig zu Fuß zu gehen – erst einmal geradeaus die Gleichmannstraße entlang zum Pasinger Marienplatz. Trotz einiger Neubauten hat sich dieser Platz einen gewissen Charme bewahrt; seinen Mittelpunkt bildet die Mariensäule mit ihrer leuchtenden goldenen Madonnenstatue. Ich gehe zum Bahnhof zurück und durch den Bahnhof hindurch auf die Rückseite zur Pasinger

Restaurant und Biergarten Michaeligarten

Fabrik. Die Pasinger Fabrik ist ein lebendiges Stadtteilkulturzentrum mit vielfältigem Ausstellungs- und Veranstaltungsprogramm. Sie beherbergt ein sehr gutes Restaurant, wo man nicht nur auf einen Kaffee, sondern auch zum Mittag- oder Abendessen vorbeikommen kann. Nach einem kleinen Mittagsimbiss gehe ich zurück zum Bahnhofsvorplatz und besteige die Tramlinie 19, die von hier in West-Ost-Richtung die ganze Stadt durchquert. Sie fährt über den Hauptbahnhof und die Maximilianstraße, am Maximilianeum vorbei, über den Max-Weber-Platz bis zur Endhaltestelle Berg am Laim Bahnhof. Die Fahrt mit der 19 durch die Stadt zeigt die unterschiedlichsten Stadtgebiete und gibt sozusagen Einblicke in die verschiedenen architektonischen baulichen Schichten der Stadtentwicklung. Von Wohnsiedlungen bis zu Gewerbegebieten, vom Zentrum mit seinen Verdichtungen und historischen Bauten und Denkmälern bis zu den Neubausiedlungen in Berg am Laim werden Stadtbild und Baugeschichte sichtbar. Vor allem die Strecke durch die Münchner Altstadt, vom Lenbachplatz über den Promenadeplatz und die Maximilianstraße, – ich werde nicht müde, das zu betonen – die schönste Straße der Stadt, ist ein besonderes Schmankerl.

Da unser Ziel der Ostpark ist, der in der Nähe der einstigen Endhaltestelle der Linie 19 St.-Veit-Straße liegt, müssen wir einmal umsteigen in die neue Tramlinie 21, die nun die Endhaltestelle St.-Veit-Straße anfährt. Zum Umsteigen lohnt sich die Haltestelle Nationaltheater in der Maximilianstraße.

Die Maximilianstraße – ich werde nicht müde, das zu betonen – ist die schönste Straße der Stadt. Man kann dann von der Haltestelle Nationaltheater bis zur Haltestelle Kammerspiele flanieren und dort die Fahrt mit der 21 über das Maximilianeum, den schönsten Boulevard Münchens, die Wörthstraße, und den Ostbahnhof bis zur Endhaltestelle St.-Veit-Straße fortsetzen.

An der Endstation St.-Veit-Straße steige ich aus und gehe die St.-Veit-Straße geradeaus weiter bis zur Heinrich-Wieland-Straße, an der sich der Münchner Ostpark befindet. Wem dieser Fußweg zu lang ist, der kann an der Tram-Endstation in die Buslinie 195 einsteigen und eine Station zur Heinrich-Wieland-Straße fahren. An der Heinrich-Wieland-Straße jedenfalls überquere ich die Fahrbahn und gehe ein kurzes Stück auf der Feichtstraße, die im Ostpark, direkt am Restaurant Michaeligarten endet.

Der Münchner Ostpark mit dem Restaurant Michaeligarten und dem Biergarten am See ist ein wunderbarer Ruhe- und Erholungsort. Ich betrete den Biergarten, einen der schönsten Biergärten Münchens, und setze mich an einen der Tische am kleinen See, der idyllisch im Park gelegen ist. Von den Wohnsiedlungen, die sich hinter dem Park befinden, ist nichts zu sehen. Wenn ich auf die grüne Parklandschaft und die Fontänen im See blicke, bin ich nicht mehr in einer Millionenstadt, sondern im Urlaub irgendwo auf dem Land.

Zum Besuchen

Pasinger Fabrik

Kultur- und Bürgerzentrum der Landeshauptstadt München
August-Exter-Straße 1, +49 (0)89 829 290-0
Di - Fr, 9.00 - 17.30 Uhr, Montag Ruhetag
www.pasinger-fabrik.com/de/
Hier gibt's Kleinkunst, Theater, Musik, Ausstellungen und Münchens kleinstes Opernhaus.

Zum Genießen

Michaeligarten

Restaurant & Biergarten
Feichtstraße 10, +49 (0)89 4355 2424
Mo–Fr 11–22.30 Uhr
Sa, So 10–22.30 Uhr
www.michaeligarten.de
Der Biergarten liegt direkt am See. Da hier Baden verboten ist, kann man leider nicht die Füße in den See halten, das Ufer ist auch zu seicht, man kann aber die Gänse füttern und den wunderbaren See- und Parkblick genießen, während man sein Bier trinkt.

Giesing – Gärtnerplatz – Botanischer Garten

Diese Straßenbahnfahrt vom Süden in den Nordwesten der Stadt führt uns zum zweitschönsten Platz der Stadt, zum Gärtnerplatz, und zum Botanischen Garten. Als Erstes nehme ich die S-Bahn bis zur Station Giesing. Hier befindet sich gleich gegenüber der alten S-Bahn-Station die Straßenbahnhaltestelle der Linie 18 Richtung Gondrellplatz. Ich steige ein und fahre in der ersten Etappe der Reise nur bis zur Isarvorstadt. Die Straßenbahn fährt am Ostfriedhof vorbei, unter der Gebsattelbrücke durch, den Nockherberg hinunter zur Isar und dann weiter in die Isarvorstadt. Nach etwa zehn Minuten kommen wir, nachdem wir die Isar auf der Reichenbachbrücke überquert haben, zur Haltestelle Fraunhoferstraße, an der ich aussteige.

Von der Station Fraunhoferstraße gehe ich rechts in die Reichenbachstraße, die direkt zum Gärtnerplatz führt. Das Gärtnerplatzviertel mit seinen Cafés, Bars und Boutiquen ist, fast wie Schwabing und Haidhausen, ein beliebter Ausgeh- und Wohnort. Ich gehe an den zahlreichen Stolperfallen, bestehend aus auf dem Gehsteig platzierten Sesseln der Cafés, vorbei zum Gärtnerplatz. Er ist mit seinem Brunnen in der Mitte, dem Gärtnerplatztheater und den mehrgeschossigen Bürgerhäusern, die ihn umgeben, schlicht wunderschön, ein Platz, der zum Flanieren und Verweilen einlädt.

Zwei Büsten erinnern an Münchens große Baumeister, an Friedrich von Gärtner und Leo von Klenze. Diese Büsten stehen hier am Gärtnerplatz, obwohl weder Klenze noch Gärtner im Viertel Bauten hinterlassen haben, wobei dennoch der Platz nach Friedrich von Gärtner (1792–1847) benannt ist, nach dem Baumeister, der die Ludwigskirche, die Staatsbibliothek, Universität und Feldherrenhalle gebaut hat. Tatsächlich geplant und gebaut wurde das Gärtnerplatzviertel vom königlich-bayerischen Hofbankier Karl von Eichthal, der schon das Franzosenviertel erbauen ließ.

In der Verlängerung der Reichenbachstraße Richtung Viktualienmarkt befindet sich das Hotel Deutsche Eiche. Dieses Hotel wurde berühmt durch den Regisseur Rainer Werner Fassbinder, der hier oft zu Gast war und auch Filmszenen drehte. Das Hotel ist bis heute ein beliebter Schwulentreff, wie überhaupt das ganze Reichenbachviertel ein beliebter Ausgeh- und Wohnort der Münchner Schwulenszene ist.

Den Gärtnerplatz verlasse ich über die Klenzestraße wieder und gehe zurück in die Fraunhoferstraße. Hier biege ich rechts ab und gehe bis zur Gastwirtschaft Fraunhofer, die im Rückgebäude das Theater im Fraunhofer und – in der ehemaligen Kegelbahn – das Werkstattkino beherbergt. Das Wirtshaus existiert bereits seit 1774; genau 200 Jahre später wurde es von Josef (Beppi) Bachmaier übernommen, der es bis heute führt und von Anfang an im Fraunhofertheater zu Kabarett und Volksmusik lädt. So feierten hier unter anderem Jörg Hube mit seinem Herzkasperl, Sigi Zimmerschied, Fredl Fesl, Rudi Zapf, der Zither-Manä, der Bairisch Diatonische Jodelwahnsinn und die Fraunhofer Saitenmusik ihre ersten Bühnenerfolge.

Vom Fraunhofer gehe ich rechts bis zur Ecke Müllerstraße. Hier befindet sich die Straßenbahnhaltestelle Müllerstraße, die von der Linie 17 und 18 angefahren wird. Die Linie 17 fährt

Der Botanische Garten

zum Botanischen Garten, der eine Haltestelle vor der Endstation Amalienburgstraße liegt. Ich steige gleich in die nächste Tram 17, die Richtung Amalienburgstraße fährt, ein. Sie fährt vorbei an der Altstadt, am Sendlinger Tor und am Stachus zum Hauptbahnhof und von dort zuerst Richtung Westen, die Arnulfstraße entlang, um dann am Romanplatz Richtung Norden abzubiegen und über Schloss Nymphenburg und die Haltestelle Maria Ward zum Botanischen Garten zu gelangen. Hier steige ich aus.

Der Botanische Garten ist mit den historischen Gebäuden, den verschiedenen prächtigen Gärten voll mit Gräsern, Bäumen und Blumen und mit dem schönen Café, das in einem Pavillonbau untergebracht ist, ein wunderbarer Ort zum Entspannen. Für Naturinteressierte gibt es vieles zu bewundern, kennenzulernen und zu bestaunen, Lebensräume, vom Alpinum über verschiedene Gewächshäuser und einen Rosengarten bis zu einem kleinen Moor, werden vorgestellt.

Am besten gefällt mir inzwischen der Platz auf der Kaffeehausterrasse. Vor meinem Auge entfaltet sich die ganze Pracht der Blumenbeete, die sich in Stufen angelegt bis zum gegenüberliegenden Haupthaus ziehen. Ich sitze eine Weile, genieße den einmaligen Blick und gehe schließlich zurück zum Ausgang, wo ich mit der Linie 17 zurück ins Münchner Zentrum fahre. Wem das noch nicht Park genug ist, der kann sich in den anschließenden Nymphenburger Schlosspark begeben und damit eine weitere grüne Oase Münchens erkunden.

Zum Besuchen

Botanischer Garten
Menzinger Straße 65, +49 (0)89 17861-316
Januar, November, Dezember 9–16.30 Uhr
Februar, März, Oktober 9–17 Uhr
April, September 9–18 Uhr
Mai, Juni, Juli, August 9–19 Uhr
www.botmuc.de
Man spaziert durch Moor-, Heide- und Alpengärten. Die pittoresken Gewächshäuser im viktorianischen Stil beherbergen eine Vielzahl von Orchideen, Kakteen und tropischen Wasserpflanzen. Achtung, die Gewächshäuser schließen immer eine halbe Stunde vor den hier angegebenen Öffnungszeiten.

Zum Genießen

Wirtshaus im Fraunhofer
Fraunhoferstraße 9, +49 (0)89 26 64 60
Juni bis Ende August täglich 17.30–1.00 Uhr
bis 24. März samstags ab 11 Uhr und
sonntags ab 10 Uhr geöffnet
www.fraunhoferwirtshaus.de
Ein einmaliges Ensemble aus Gastwirtschaft, Theater und Kino, in dem sich Tradition und Avantgarde auf originelle bayerische Weise verbinden.

Ein bayerisches Drei-Gänge-Menü zum Nachkochen

(alle Rezepte für vier Personen)

VORSPEISE: OBATZTER

Erfunden wurde der Obatzta, Obatzte oder Obazde (es gibt noch zahlreiche weitere Schreibweisen) von Katharina Eisenreich, der Wirtin des Weihenstephaner Bräustüberls. In den 1920er-Jahren servierte sie ihren Gästen die würzige Käsemischung zum Frühschoppen und kreierte damit einen Klassiker der bayerischen Brotzeiten. Ich mag den Obatzten auch als appetitanregende Vorspeise.

Zutaten

250 g reifer Camembert
2 EL Butter
Bier, Salz, Pfeffer, Paprika, Kümmel, Petersilie

Zubereitung

Den Camembert klein würfeln und mit der weichen Butter mischen. (Wer eine leichtere Variante bevorzugt, verwendet Frischkäse statt Butter.) Mit Salz, Pfeffer, Paprika und Kümmel würzen und zum Schluss ein, zwei Esslöffel Bier dazugeben. Petersilie drüberstreuen.

Am besten schmeckt's mit frischen Brezen.

HAUPTGERICHT: SCHWEINSBRATEN MIT KARTOFFELKNÖDEL UND KRAUTSALAT

Der bayerische Sonntagsbraten-Klassiker schmeckt zu jeder Jahreszeit.

Zutaten

1–1,5 kg Schweineschulter
½ kg Schweinewammerl, roh
2 gelbe Rüben
1 Zwiebel
½ Stange Lauch
¼ Sellerieknolle
1 Tomate
Pfeffer, Salz, Kümmel
Bier

Zubereitung

Das Gemüse waschen, klein schneiden und in ein Reindl (Bräter, Kasserolle) legen. Mit Wasser oder 1 l Brühe aufgießen, eventuell noch eine Kartoffel schälen, klein schneiden und in die Soße legen. Die Schweineschulter und das Wammerl mit Salz, Pfeffer, Kümmel würzen, mit der Schwartenseite ins Reindl zum Gemüse legen und 1½ Stunden bei niedriger Temperatur (ca. 130 Grad) braten. Dann aus dem Ofen nehmen, die Schwarte kreuzförmig einschneiden, diesmal mit der Schwarte nach oben ins Reindl legen und noch eine Stunde braten.
Den Braten mit Bier begießen, am besten mit dunklem, dann bekommt die Soße eine schöne Farbe und einen würzigen Geschmack. Zum Schluss den Grill dazuschalten und die Temperatur auf 200 Grad erhöhen – aber aufpassen, dass der Braten nicht zu dunkel wird!
Für die Soße die Flüssigkeit samt Gemüse aus dem Reindl durch ein Sieb in einen Topf gießen. Das weiche Gemüse durchdrücken und die Soße abschmecken.

KARTOFFELKNÖDEL HALB UND HALB

Mir schmeckt diese Knödelvariante am besten!

Zutaten

1 kg rohe Kartoffeln
½ kg frisch gekochte Kartoffeln
1/8 l Milch
Salz
1 Ei

Zubereitung

Die rohen Kartoffeln fein reiben und anschließend die rohe Kartoffelmasse durch ein Leinen fest durchdrücken, die Stärkeflüssigkeit auffangen und aufheben. Die Milch erhitzen und die ausgepressten Kartoffeln mit der heißen Milch übergießen. Die gekochten Kartoffeln noch heiß durch eine Kartoffelpresse drücken, dann mit den rohen Kartoffeln mischen, salzen, zum Schluss das Ei dazugeben und alles durchmischen.
Zunächst einen Probeknödel formen. Wenn der Teig zu weich ist, Semmelbrösel oder Grieß hinzufügen oder die Stärke aus den durchgedrückten Kartoffeln (ohne Flüssigkeit).
Den Probeknödel in kochendes Salzwasser legen und bei offenem Topf ca. 20 Min. ziehen lassen, nicht mehr kochen. Wenn er gelungen ist, alle Knödel formen, ins sprudelnde Wasser legen und garziehen lassen. Wenn die Knödel an der Oberfläche schwimmen, sind sie fertig.

KRAUTSALAT

Zutaten
½ kg Weißkraut
Salz, Pfeffer, Kümmel, Essig, Öl, Schnittlauch/Petersilie
50 g geräucherter Speck

Zubereitung
Das Kraut vom Strunk befreien und in sehr feine Streifen schneiden (von Hand oder mit der Küchenmaschine).
Den Speck fein würfeln und in der Pfanne auslassen.
Das Kraut mit Salz, Pfeffer, Kümmel würzen, mit Essig und Öl anmachen und eine halbe Stunde ziehen lassen. Dann den Speck dazugeben und untermischen. Mit Schnittlauch oder Petersilie anrichten.

DESSERT: APFELKÜCHERL

Apfelkücherl, Apfelkiachl, Apfelpfannkuchen oder Apfelringe im Teigmantel – die bayerische Variante verwendet dafür am liebsten einen Bierteig.

Zutaten
4 mittelgroße, säuerliche Äpfel
200 g Mehl
extra noch 5 EL Mehl
1/4 l Bier
2 Eier
1 Prise Salz
2 EL Zucker
1 TL Zimt
Butterschmalz zum Ausbacken

Zubereitung
Die Äpfel schälen, entkernen und in ca. ein Zentimeter dicke Scheiben schneiden. Die Eier trennen, das Eiweiß schlagen und zur Seite stellen. Das Eigelb mit dem Bier und der Prise Salz gut (am besten mit einem Handmixer) verrühren. Das Mehl einrühren und zum Schluss vorsichtig den Eischnee unterheben.
So viel Butterschmalz in die Pfanne geben, dass das geschmolzene Fett den Pfannenboden bedeckt. Die 5 EL Mehl auf einem Teller ausbreiten, die Apfelscheiben darin wälzen und anschließend durch den Teig ziehen. Die Apfelringe im Teigmantel auf beiden Seiten goldgelb backen, mit Zucker und Zimt bestreuen und heiß servieren.